本研究得到中国博士后科学基金面上项目（2016M602062）资助

省域高等学校分类体系研究

——以江苏省为例

孙俊华　著

厦门大学出版社
XIAMEN UNIVERSITY PRESS
国家一级出版社
全国百佳图书出版单位

图书在版编目(CIP)数据

省域高等学校分类体系研究:以江苏省为例/孙俊华著.—厦门:厦门大学出版社,2019.12
ISBN 978-7-5615-7733-2

Ⅰ.①省… Ⅱ.①孙… Ⅲ.①地方高校—分类体系—研究—江苏 Ⅳ.①G648.4

中国版本图书馆 CIP 数据核字(2020)第 011794 号

出 版 人	郑文礼
责任编辑	曾妍妍 廖婉瑜

出版发行 厦门大学出版社

社　　址	厦门市软件园二期望海路 39 号
邮政编码	361008
总　　机	0592-2181111　0592-2181406(传真)
营销中心	0592-2184458　0592-2181365
网　　址	http://www.xmupress.com
邮　　箱	xmup@xmupress.com
印　　刷	虎彩印艺股份有限公司

开本	720 mm×1 000 mm　1/16
印张	12.25
字数	201 千字
版次	2019 年 12 月第 1 版
印次	2019 年 12 月第 1 次印刷
定价	48.00 元

本书如有印装质量问题请直接寄承印厂调换

厦门大学出版社　　厦门大学出版社
微信二维码　　　　微博二维码

前　言

近年来,构建科学合理的高等学校分类管理体系,引导高等学校通过特色定位和错位发展来实现核心竞争力的提升,成为我国高等教育发展的必然选择。一方面,我国高等教育即将进入大众化阶段。截止到2018年底,全国各类高等教育在学规模达到了3833万人,高等教育毛入学率达到48.1%。据此可以推测,到2020年,我国高等教育的毛入学率将会超过50.0%。在数量和规模的问题基本得到解决之后,高等教育的质量和结构问题将会进一步凸显。另一方面,国民经济与社会的发展进步,其关键在于人才,而基础在发展高等教育。无论是统筹推进"五位一体"总体布局和"四个全面"战略布局,贯彻落实新的发展理念,还是实现全面建成小康社会的建设目标,深化供给侧结构性改革,保持经济中高速增长,深入实施创新驱动发展、"中国制造2025"等战略,都需要调整优化高等教育的结构以便提升人才培养质量和规格,为国家重大发展需要培养各类高端人才。但是,目前我国高等教育的发展还存在不平衡、不协调的问题,人才培养的类型、层次和学科专业结构与社会需求不够契合。此外,新型城镇化的加快推进,人民群众生活质量的普遍提高,加上区域人口规模和结构的变化,将会带来教育需求结构的变化,将会进一步强化对高等教育的高质量、多元化的需求。在此背景下,我国政府在《国家中长期教育改革和发展规划纲要(2010—2020)》等多个重要文件中提出要建立高等学校分类体系。《关于"十三五"时期高等学校设置工作的意见》则基于人才培养等三大职能,确定了国家高校"三分法"框架。

从高等学校分类的国际经验来看,联合国教科文组织的国际教育标准分类法依据的是人才培养的学历层次与培养方法,美国的卡内基高等教育机构分类和欧洲U-Map分类都是从人才培养等多个维度来刻画高等学校的办学特征,法国、德国、英国和俄罗斯等国基于人才培养、学科和发展历史来构建分类体系,日本和韩国基于经费来源、人才培养、科学研究等维度设计行政管理分类。作为规定性分类的代表,美国加州高等教育总体规划从招生、转学、人才培养、科学研究等维度确定了三类高校的发展定位。

从省域政府推进高等学校分类发展的实践和相关理论研究成果来看,目前关于国内或省域高等学校分类方案可以归纳为三分法、四分法、多分法和层类组合法。在分类标准方面,多参考借鉴了卡内基高等教育机构分类法或国际教育标准分类法,选择了办学层次、学科专业覆盖面、人才培养定位、基本社会功能或职能定位、科研经费投入强度等分类标准。在划分结果方面,以高校类型命名的前缀,多使用高校办学类型或层次、学位授予、办学区域或使命以及举办者或行政管理隶属关系。尽管关于高等学校分类体系存在众多的方案和观点,但是在分类方案中"三分法"得到的支持相对较多,高等教育的基本职能、学科覆盖面、人才培养定位和学位授予(教育层次)等标准被使用得最多,研究型、教学型这两个类型得到了广泛的认可。

我国中央和省级两级高等教育管理的体制,使得省域高等学校分类管理体系对于全国高等学校的分类管理至关重要。各省市对省域高校分类问题的研究与实践探索,能够为建立国家高等学校分类管理体系提供良好的实践基础。而基于国家高校"三分法"框架进行省域高等学校分类体系的研究和实证分析,能够为各省市高等学校分类体系的构建提供范本,因而具有重要的理论意义和实践价值。

作为全国最大的省域高等教育体系,江苏高等学校分类体系,对省域高等学校分类体系的研究和实践,具有很好的借鉴意义。从高等教育的发展进程来看,江苏省比全国提前三年启动了高等教育大众化进程,1996年在全国率先进行扩招。2000年,江苏省高等教育毛入学率达到15%,提前进入大众化阶段。2002年,全国高等教育毛入学率才达到15%,而同期江苏高等教育毛入学率已经达到24.6%。2014年,江苏省高等教育毛入学率达到51.0%。截至2018年底,江苏省高等教育毛入学率达到58.3%。

本书在《关于"十三五"时期高等学校设置工作的意见》确定的国家高校"三分法"框架之下,基于人才培养等三大职能确定了三类高校的分类指标体系。结合学科覆盖维度,构建了江苏省高等学校九宫格的分类架构。基于研究型、应用型和职业技能型高校特征的定性编码,抽取了有关人才培养、师资队伍和学科覆盖等分类指标。以原"985工程"高校为原型,确定了核心指标的分类阈值。通过高校分类的内因(自身发展定位)和外因(按分类标准归类)

匹配、定性分析与定量分析相结合的试分类过程,最终确定了江苏省167所普通高校的类型归属。分类结果显示,研究型高校、应用型高校以综合类和多科类为主,职业技能型高校以多科类和特色类为主,综合类职业技能型高校数量很少,没有高校被归为特色(单科)研究型高校。基于分类过程中江苏高校呈现出的特点和问题,提出了构建高校分类管理的配套措施,具体包括:完善顶层设计,推进政策法规与机制体制建设,构建政府间的高等学校分类管理协同机制和做好高校分类发展规划的研制;改革人才培养模式,实现高校转型发展;探索分类拨款机制,引导高等学校学科专业建设;构建高校分类评估体系,促进高校多元发展。

  本书可能的创新之处包括:一是基于《关于"十三五"时期高等学校设置工作的意见》确定的国家高等学校"三分法"体系,构建省域高等学校分类框架和标准,并基于江苏省高校来进行试分类,为国家相关政策的研究提供来自省域的经验和对各类高校的深描。二是在试分类中,通过对各高等学校发展定位的定性文本编码,结合关键分类指标的定量分析,共同确定每所高校所述的类型。三是比较分析了美、德两国州政府的高等教育分类管理实践,国内省域政府的实践探索以及对省域的理论研究成果,为相关研究提供系统的研究素材。

  由于研究能力有限,本书难免存在疏漏与不足之处,欢迎相关领域的专家与学者批评指正。

目 录

第一章 绪 论 ……………………………………………………………… 1
    第一节 研究背景与研究意义 …………………………………………… 1
    第二节 核心概念界定 …………………………………………………… 17
    第三节 研究内容与方法 ………………………………………………… 18

第二章 国内外相关研究述评 …………………………………………… 23
    第一节 国外高等学校分类体系 ………………………………………… 23
    第二节 国内高等学校分类体系 ………………………………………… 45
    第三节 有关高等学校分类的理论研究 ………………………………… 52

第三章 国内外省域高等学校分类体系比较 …………………………… 55
    第一节 国外区域高等学校分类管理的实践 …………………………… 55
    第二节 国内省域政府高等学校分类的实践探索 ……………………… 63
    第三节 国内省域高等学校分类的理论研究 …………………………… 70

第四章 省域高等学校分类体系的构建 ………………………………… 77
    第一节 高等学校分类的理论基础 ……………………………………… 77
    第二节 高等学校分类的基本原则 ……………………………………… 81
    第三节 省域高等学校分类的框架与标准 ……………………………… 83

第五章 江苏省高等学校的试分类 ……………………………………… 99
    第一节 江苏省高等学校发展基本情况 ………………………………… 99

第二节 江苏省高等学校发展定位的文本分析……………… 105
第三节 江苏省高等学校的试分类…………………………… 108

第六章 研究结论与对策建议……………………………………… 113

附　表……………………………………………………………… 122

后　记……………………………………………………………… 186

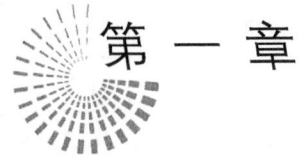

第一章

绪　论

第一节　研究背景与研究意义

一、研究背景

在我国高等教育大众化进程持续推进、即将迈入普及化阶段的同时，高等学校同质化发展问题日益凸显，而国民经济与社会发展方式的转变对于高等学校发展转型和多样性提出了更高的要求，加之生源竞争日趋激烈，使得构建高等学校分类管理体系，通过特色定位、错位发展以提升核心竞争力成为高等学校的必然选择。

（一）高等教育从大众化阶段向普及化阶段迈进

从 1999 年高考扩招以来，我国开始逐步进入了高等教育大众化的阶段，高等学校在校生总数开始进入快速增长的阶段。国务院常务会议于 2010 年 5 月 5 日通过的《国家中长期教育改革和发展规划纲要（2010—2020 年）》，提出了以下战略发展目标（表 1-1）[①]：

[①] 国家中长期教育改革和发展规划纲要工作小组办公室. 国家中长期教育改革和发展规划纲要（2010—2020 年）[EB/OL]. [2019-08-21]. http://old.moe.gov.cn/publicfiles/business/htmlfiles/moe/info_list/201407/xxgk_171904.html.

表 1-1　我国高等教育事业发展的战略目标

指　　标	2009 年	2015 年	2020 年
职业教育在校生			
中等职业教育(万人)	2179	2250	2350
高等职业教育(万人)	1280	1390	1480
高等教育			
在学总规模(万人)	2979	3350	3550
在校生(万人)	2826	3080	3300
其中:研究生(万人)	140	170	200
毛入学率(%)	24.2	36.0	40.0

资料来源:《国家中长期教育改革和发展规划纲要(2010—2020年)》。

到 2020 年,我国将基本实现教育现代化,进入学习型社会,同时也将进入世界人力资源强国的行列之中。其中,我国新增劳动力的平均受教育年限将从 2009 年的 12.4 年提高到 13.5 年;劳动年龄人口的平均受教育年限将从 2009 年的 9.5 年提高到 11.2 年,接受过高等教育的人口所占比例将达到 20% 以上,具有高等教育文化程度的人口数将比 2009 年翻一番。为此,我国的高等教育毛入学率从 2009 年的 24.2%,经过 5 年的发展提升为 36.0%,经过 10 年的发展提升为 40.0%。而在此过程中,我国高等教育的大众化整体进程将会不断加速,我国高等教育的总体规模也将持续扩大。

按照《国家教育事业发展"十三五"规划》中的相关预测数据,到 2020 年,我国高等教育的在学总规模将达到 3850 万人,其中,高等学校在校生总数将达到 3680 万人。同期,我国的高等教育毛入学率将达到 50.0%。[①] 也就是说,到 2020 年,我国高等教育将进入普及化的阶段。

而教育部的相关统计数据显示,截止到 2018 年底,全国各类高等教育在

---

① 国务院. 国务院关于印发国家教育事业发展"十三五"规划的通知[EB/OL].[2019-08-21]. http://www.moe.gov.cn/jyb_xxgk/moe_1777/moe_1778/201701/t20170119_295319.html.

学总规模达到 3833 万人①,较上年增加 54 万,增长 1.43%;高等教育毛入学率达到 48.1%,较上年提高了 2.4 个百分点(图 1-1)②。据此可以推测,到 2020 年,我国高等教育的毛入学率将会达到甚至超过 50.0%这一普及化阶段的临界点。

从高等教育机构的数量来看,截止到 2018 年底,我国普通高等学校总数达到了 2663 所(包含 265 所独立学院),较上年增长 1.22%(增加了 32 所)。③ 其中,本科院校总数为 1245 所,高职(专科)院校总数为 1418 所,分别比上年增加了 2 所和 30 所。我国成人高等学校总数达到 277 所,比上年减少 5 所;研究生培养机构 815 个,其中,普通高校 580 个,科研机构 235 个。

江苏省比全国提前了三年启动高等教育大众化进程,1996 年在全国率先进行扩招。2000 年,江苏省高等教育毛入学率达到 15%,比全国提前进入大众化阶段。全国高等教育毛入学率在 2002 年才达到 15%,而同期江苏高等教育毛入学率已达到 24.6%。2014 年,江苏省高等教育毛入学率达到 51.0%。截至 2018 年底,江苏省高等教育毛入学率达到 58.3%,较上一年提高 1.6%。④ 普通高等教育招生 62.74 万人,在校生 200.09 万人,毕业生 53.87 万人;研究生教育招生 6.91 万人,在校生 19.46 万人,毕业生 4.74 万人。总体而言,江苏省已经建成全国省域规模最大的高等教育体系,高等教育整体实力获得新的提升,多项重要指标位于全国前列,并稳步迈入了高等教育普及化阶段。

在数量、规模问题基本解决之后,高等教育的质量和结构问题将会进一步凸显。总体而言,作为资源供给的高等教育与人民群众的需求之间的矛盾,将依然是高等教育的主要矛盾。在高等教育发展方面,政府的资源投入已经大

---

① 在学规模统计中,包括研究生、普通本专科、成人本专科、网络本专科、高等教育自学考试本专科等各种形式的高等教育在学人数。

② 中华人民共和国教育部. 2018 年全国教育事业发展统计公报[EB/OL]. [2019-08-21]. http://www.moe.gov.cn/jyb_sjzl/sjzl_fztjgb/201907/t20190724_392041.html.

③ 中华人民共和国教育部. 2018 年全国教育事业发展统计公报[EB/OL]. [2019-08-21]. http://www.moe.gov.cn/jyb_sjzl/sjzl_fztjgb/201907/t20190724_392041.html.

④ 江苏省统计局,国家统计局江苏调查总队. 2018 年江苏国民经济和社会发展统计公报[EB/OL]. [2019-08-21]. http://www.jiangsu.gov.cn/art/2019/3/25/art_64797_8284235.html.

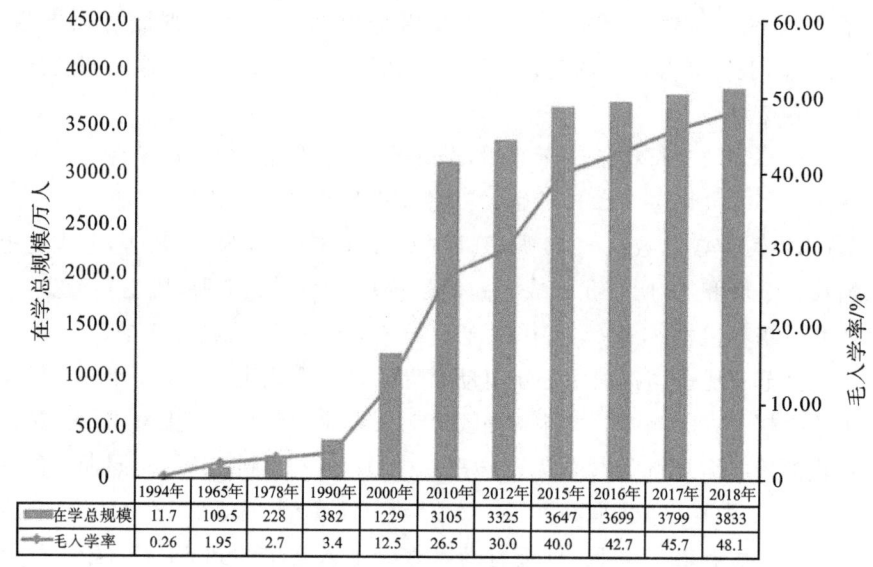

图 1-1　我国高等教育在学规模和毛入学率变化图

资料来源:《2018 年全国教育事业发展统计公报》。

幅度提高,但是就提高教育质量、提高创新能力和高等学校自身建设的实际需求来看,相关资源的投入还远远不能满足学校长远发展的需要。在经济发达的江苏省,人民对于优质高等教育的期待更高,高等学校的生存与发展日益受到经济社会需求与资源供给的制约。高等教育的发展,必然要以多样化来回应大众化时代的社会对人才需求的多样性和多层次性。高等学校必须面向国际和地方需求来合理分工,做到各种类型的高等学校之间明确分工、密切配合,共同为江苏省的高质量发展提供有力的人才支持和知识贡献。

(二)国民经济与社会发展的转型

国民经济与社会的发展进步,其关键在于人才,而基础在发展高等教育。无论是统筹推进"五位一体"总体布局和"四个全面"战略布局,贯彻落实新的发展理念,还是实现全面建成小康社会的建设目标,深化供给侧结构性改革,保持经济中高速增长,深入实施创新驱动发展、"中国制造 2025"等战略,都需要调整优化高等教育的结构,以便提升人才培养质量和规格,为国家重大发展需要培养各类高端人才。

第一章 绪论

当前,我国经济由长期高速增长转向追求高效率、低成本、可持续发展的新常态,并且日趋重视高质量发展,这就需要由高等教育来提供各类智力资源、技术支持和发展动力。在现有的国内外环境下,为国家发展提供高层次专门人才和高质量的科学研究成果,成为高等学校现阶段的光荣使命。可以说,要打造中国经济的升级版,必然要以中国高等教育的升级版为基石。① 高等教育必须积极适应现阶段国民经济发展和社会进步所提出的要求,充分发挥自身的智力、信息和资源等方面的优势,为国家重大发展战略提供全面的服务。

党的十八大提出,要明显提高全民受教育程度和提升创新人才培养水平,进入人才强国和人力资源强国行列,基本实现教育现代化的教育改革发展目标,这对深化教育领域综合改革提出了明确的要求。而高等教育必须直面全面素质提高这一目标,承担起向知识型、学习型、创新型社会转变的重任。现阶段,社会主义现代化的建设、"两个百年"目标的实现,客观上需要教育现代化的率先实现。世界一流的高等教育,是富强、民主、文明、和谐的社会主义现代化建设的有力支撑。高等学校的发展要服务于国家的重大战略布局,对区域发展和行业发展切实起到支撑带动作用。

但是,目前我国教育发展还存在不平衡、不协调的问题,人才培养的类型、层次和学科专业结构与社会需求不够契合。以江苏省为例,虽然江苏省的高校总数、高等教育在学人数和高校毕业生人数均位于全国前列,但是依然面临着这样的尴尬局面②:一方面,部分江苏高校毕业生面临着就业难的问题;而另一方面,江苏省因为严重缺少技术工人而严重依赖于外省来苏务工人员。这种结构性失业与一些高校的人才培养没有以市场需求为导向密切相关。为此,《国家教育事业发展"十三五"规划》明确提出,要通过加强对高等学校专业设置改革的引导,扩大高等学校专业设置自主权,推动高等学校信息交叉学科的建设和探索建设行业职业教育指导委员会、行业协会和高等学校的多部门协同的人才需求预测机制等方式,加快推进高等学校学科专业结构的调整,形成高等学校独特的办学特色。而高校办学特色的形

---

① 杜玉波. 高等教育要更加适应经济社会发展需要[N]. 中国教育报,2014-07-24(3).

② 印兴波. 推动江苏高等教育多元化发展[N]. 群众,2014-10-05.

成和专业结构乃至人才培养结构、类型的调整,都需要通过分类管理和引导,来激活其内在的发展动力。

(三)高等学校同质化发展的问题凸显

当前,我国高等教育已实现了从精英化阶段向大众化阶段、从规模小国向规模大国的两个历史性跨越。但是,高等教育长期以来存在的结构失调问题不仅没有得到缓解,反而伴随持续的扩招而日趋严重。高级专门人才培养还难以完全适应经济结构、产业机构和劳动力市场变化的需求,高等教育结构在一定程度上与社会需要,特别是与经济结构调整脱节。学术型人才过度供给、创新能力亟待提高,技能型人才供给不足、操作能力不强,导致我国现代化建设急需的高层次、复合型、技能型专门人才短缺:一方面,从事原创性研究的拔尖创新人才培养水平亟待提高;另一方面,从事高新技术工作的专业型和技能型人才(高级工程师和高级技师)紧缺,并且劳动生产效率很低。

国家统计局国际统计信息中心的相关统计分析结果显示,虽然1996—2015年我国的劳动生产率一直呈现大幅度提高的态势,但是劳动生产率仍旧存在很大的提升空间,2015年的水平仅为世界平均水平的39.58%,仅为美国的7.39%(表1-2)。[①]

表1-2 世界和部分经济体的单位劳动生产率

单位:美元/人

年份	世界	美国	日本	欧元区	印度	中国
1996年	14453	73880	65648	54768	1340	1535
1997年	14792	75782	66174	56470	1372	1652
1998年	14946	77219	65019	57809	1425	1772
1999年	15180	79411	65700	59144	1524	1885
2000年	15606	81720	67568	60767	1555	2018

---

① 国家统计局国际统计信息中心. 国际比较表明我国劳动生产率增长较快[EB/OL]. [2019-08-21]. http://www.stats.gov.cn/tjsj/sjjd/201609/t20160901_1395572.html.

续表

年份	世界	美国	日本	欧元区	印度	中国
2001年	15601	82459	67759	61469	1574	2172
2002年	15707	84392	68897	62105	1599	2347
2003年	15864	86318	70124	62885	1669	2561
2004年	16241	88776	71556	64444	1751	2801
2005年	16497	90072	72209	64992	1872	3088
2006年	16906	90542	73183	66391	2039	3459
2007年	17310	91773	74157	68007	2218	3912
2008年	17359	91242	73637	67745	2314	4290
2009年	16963	92560	70477	64946	2503	4674
2010年	17449	95069	73631	66586	2731	5146
2011年	17711	95724	74108	67559	2909	5586
2012年	17883	96062	75510	67083	3024	5990
2013年	18107	97748	75958	67164	3189	6423
2014年	18285	98116	75376	67867	3370	6866
2015年	18487	98990	76068	68631	3559	7318

注：国家统计局国际统计信息中心采用的是国际劳工组织按就业人口测算的劳动生产率(即2005年不变价GDP与就业人口之比)。欧元区数据为19个成员国平均值。

资料来源：国家统计局。

高考扩招以来,由于注重规模效应,高等教育在层次结构和类型上存在诸多问题。一方面,政府据具体的国情和财政实力,延续了效率优先、典型示范的政策选择,实施了一系列的高等学校重点建设制度,如"211工程""985工程",以此来实现一批高校的优先发展、一批学科建设水平的提升。但是,在此过程中,存在着重点建设高校"身份固化"、竞争机制缺失以及高校发展定位重复交叉等问题,并影响了学校的社会认知、学生的高考选择乃至用人单位的择才标准。另一方面,高等学校都希望成为多科性或综合型大学,追求学校升等和更名以获得更高的社会认同,结果丧失其办学特色,导致高等学校之间同构化问题严重。

在高等教育大众化的进程中,高等学校发展呈现出盲目追求升格、升等的趋势,如高职高专院校争着升为本科、学院争着升格为大学、本科高校争着获取硕士和博士学位授权单位。这种趋同化的发展,在很大程度上致使高校毕业生结构失衡、就业质量低或就业困难。在调整高等教育布局结构、高校合并和学科综合化的过程中,一批具有明确行业面向、人才培养特色的行业类或专门性的高等学校在脱离与原行业部门联系的同时,未能及时建立与行业服务和为行业服务的新机制。加上专业综合化发展,原有的优势专业发展萎缩,尤其是服务国家重要发展需求的学科专业,如农业、师范、矿业、地质等专业培养专门人才和服务行业发展的能力明显下降,无法有效适应国家和区域发展对人才的需求。

高等学校同质化发展的问题,凸显出了加强高等教育分类指导和管理的紧迫性,因而建立起结构布局合理、办学特色鲜明的高等学校分类体系,将是我国高等教育事业近期发展的重要方向。

(四)高等教育生源竞争日趋激烈

新型城镇化的加快推进,人民群众生活质量的普遍提高,加上区域人口规模和结构的变化,将会带来教育需求结构的变化,将会进一步强化对高等教育的高质量、多元化的需求。而这其中,适龄入学人口的变化直接影响了高等学校生源的变化。根据21世纪教育研究院编写的《教育蓝皮书:中国教育发展报告(2011)》中对我国人口未来变化趋势的预测[①],2011—2020年将是我国人口自然变动对教育冲击最大的时期,我国学龄人口的总规模将以平均每年3.23%的速度下降,也就是每年860万人的降幅。

2018年,我国高考报名人数达到975万人,较上年增加35万,创8年新高。在此之前,我国高考报名人数自2009年达到1020万最高点之后,连续下

---

① 杨东平.教育蓝皮书:中国教育发展报告(2011)[M].北京:社会科学文献出版社,2011:51-57.

降了4年,而后稳定在940万左右。① 以下仅从2016—2018年我国各省市高考报名人数的变化来看(表1-3):

表1-3 2016—2018年我国各省市高考报名人数变化表

省市	2016年	2017年	较2016年	2018年	较2017年
河南	82.0万	86.3万	增加	98.4万	增加
广东	73.3万	75.7万	增加	75.8万	稳定
山东	70.9万	58.3万	减少	59.2万	增加
四川	57.1万	58.3万	增加	62.0万	增加
安徽	51.0万	49.9万	减少	49.9万	稳定
河北	42.3万	43.6万	增加	48.6万	增加
湖南	40.1万	41.1万	增加	45.2万	增加
湖北	36.1万	36.2万	稳定	37.4万	增加
江西	36.0万	36.3万	稳定	38.0万	增加
江苏	36.0万	33.0万	减少	33.1万	稳定
山西	33.0万	31.7万	减少	30.5万	减少
贵州	37.4万	41.2万	增加	44.0万	增加
广西	33.0万	36.5万	增加	38.8万	增加
陕西	32.8万	31.9万	减少	31.9万	稳定
浙江	30.7万	29.1万	减少	30.0万	增加
甘肃	29.6万	28.5万	减少	27.3万	减少
云南	28.0万	29.4万	增加	30.0万	增加
重庆	24.9万	24.8万	稳定	25.1万	增加
辽宁	21.9万	20.9万	减少	18.5万	减少
黑龙江	19.7万	18.8万	减少	16.9万	减少

---

① 中国教育在线. 2018年全国高考报名考生人数达到975万人,比去年增加35万人[EB/OL]. [2019-08-21]. http://www.eol.cn/sichuan/sichuannews/201806/t20180606_1605811.shtml.

续表

省市	2016 年	2017 年	较 2016 年	2018 年	较 2017 年
福建	20.1 万	18.8 万	减少	20.1 万	增加
内蒙古	20.1 万	19.7 万	减少	19.5 万	减少
新疆	16.6 万	18.4 万	增加	20.7 万	增加
吉林	14.9 万	14.3 万	减少	15.0 万	增加
宁夏	6.9 万	6.9 万	稳定	6.9 万	稳定
北京	6.1 万	6.1 万	减少	6.3 万	增加
海南	6.0 万	5.7 万	减少	5.9 万	增加
天津	6.0 万	5.7 万	减少	5.5 万	减少
上海	5.1 万	5.0 万	稳定	5.0 万	稳定
青海	4.5 万	4.6 万	增加	4.2 万	减少
西藏	2.4 万	2.9 万	增加	2.5 万	减少
全国	940.0 万	940.0 万	稳定	975.0 万	增加

资料来源:根据各省市发布的统计数据整理。

2017年,共有15个省市高考报名人数较上年有所减少,5个省市高考报名人数与上年基本持平;2018年,有8个省市高考报名人数较上年有所减少,6个省市高考报名人数与上年基本持平。有6个省市高考报名人数两年均有所下降,有2个省市高考报名人数两年均保持稳定。总体而言,各省市高考报名人数经过多年的变化调整,整体规模较之前均有所萎缩。在我国高等教育迈入普及化阶段后,这一趋势将会提高高等学校生源竞争的激烈程度。

同样,江苏的高等教育学龄人口(18~22岁)数也正呈现出明显的下降趋势。2009年江苏共有54.63万人报名参加高考,比2008年增加了3.83万人。之后,江苏省高考报名人数连续下降至33.09万,总体降幅达到39.43%(图1-2)。

"十三五"期间,江苏省总人口的增长将会接近增长的拐点。在"全面二孩"的人口政策实施后,育龄妇女的生育水平将适度回升,但是人口的自然增长率将会在短暂得到升高后加速下降。预计在"十四五"期间,江苏省的人口自然增长将会出现负增长。同时,随着经济增速放缓,产业结构调整和转型升级,江苏省的省际净流入人口也将会逐渐降低或停止增长甚至出现负增长。

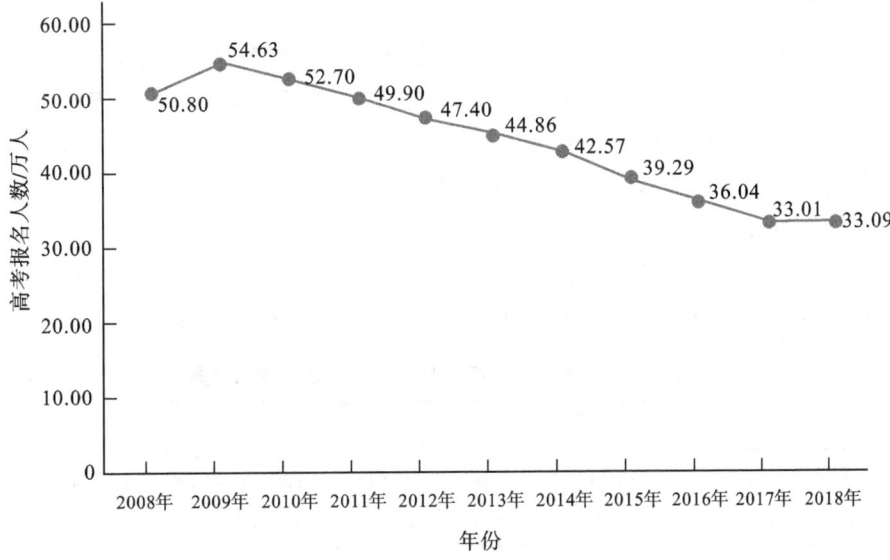

图 1-2　2008—2018 年江苏省高考报名人数变化图

资料来源:根据江苏省历年统计数据整理。

从适龄入学人口来看,2008 年江苏省的高等教育学龄人口(18～22 岁)为 499.083万,2015 年为 429.087 万,2019 年将减至 355.146 万。①

适龄入学人口波状逐年减少,生源紧缩,这对高等学校是个严峻的考验,也是不可回避的挑战。而江苏高等学校要想在生源紧缩、市场竞争日趋激烈的今天持续发展,就必须转变过去"千校一面"、缺乏特色定位的状况。高等学校必须切实根据未来高等教育市场的需求及发展趋势、市场竞争形势等外部因素,以及自身的优势和缺点,准确地对自身进行特色化的战略定位。之后,在战略定位的基础上,针对高等教育目标市场设计发展策略组合,并形成其独特的核心竞争力。而在此过程中,高等教育行政部门作为高等学校的投资者、管理者和指导者,要积极引导其寻找准确、独特的战略发展定位,以实现特色发展和内涵提升。

---

① 江苏人民政府办公厅. 江苏省政府办公厅关于印发江苏省人口发展"十三五"规划的通知[EB/OL]. [2019-08-21]. http://www.jiangsu.gov.cn/art/2017/1/22/art_46451_2557681.html.

(五)我国逐步推进建立高等教育分类体系

在我国高等教育大众化进程持续多年加速的宏观背景之下,高等学校数量和高等教育总体规模的不断扩大,打破了我国高等教育系统内部原有的均衡,导致高等学校在办学理念、定位、课程设置、教学方法等方面开始出现分化。当前高等教育系统尚处于分化初期,还带有某种混乱状态,不同规模的高等学校在定位上还不十分明确。

为了推进高等学校分类管理体系的形成,我国政府陆续在多个重要文件中提出要推进建立高等学校分类体系,实行分类管理(表1-4)。

表1-4 有关推进建立高等学校分类体系的相关文件精神

文件名称	相关内容
《中国教育改革和发展纲要》(1993年3月)	制定高等学校分类标准和相应的政策措施,使各种类型的学校合理分工,在各自的层次上办出特色。
《国家中长期教育改革和发展规划纲要(2010—2020)》(2010年7月29日)	高等教育应当优化结构,应当建立高校分类体系,实行分类管理,以促进高校在不同层次、不同领域办出特色。
《中共中央关于全面深化改革若干重大问题的决定》(2013年11月15日)	创新高校人才培养机制,促进高校办出特色争创一流。
《国家教育事业发展"十三五"规划》(2017年1月19日)	推进高等教育分类发展、合理布局。推动地方开展高等学校分类管理改革试点,以人才培养定位为基础建立高等教育分类体系,研究制定高校分类设置、分类指导、分类拨款、分类评估等制度,努力形成高等学校科学定位、特色发展的局面。
《关于"十三五"时期高等学校设置工作的意见》(2017年1月25日)	探索建立高等教育分类体系,推动高等学校多样化办学、特色化发展。
《关于深化教育体制机制改革的意见》(2017年9月24日)	通过高等学校分类设置标准和分类管理办法的研制,推动我国高校进行科学的办学定位、选择差异化的发展路径,以推进"双一流"的建设。

资料来源:根据相关政策文件整理。

第一章
绪 论

二、研究意义

(一)探索国家与省域协同的高等学校分类体系

在高等教育大众化进程持续推进、总体规模迅速扩张的历史背景下,我国高等教育结构和布局不合理的弊端也日益凸显,主要表现在缺乏科学有效的分类管理政策,高等教育的宏观管理政策中缺乏有效的分类发展战略,无法适应不同类型高等学校的具体发展实际。①

我国有中央和省级两级高等教育管理的体制,省域高等学校分类管理体系对于全国高等学校的分类管理至关重要。为此,在《国家中长期教育改革和发展规划纲要(2010—2020)》发布后,为了进一步深化教育体制改革,国务院决定在部分地区和学校开展国家教育体制改革试点。其中,北京市、黑龙江省、上海市、江苏省、浙江省、安徽省、湖北省、广东省和云南省作为"探索高等学校分类指导、分类管理的办法,落实高等学校办学自主权"的试点单位。②各省市在构建高等学校分类体系、高校分类评价和分类管理方面进行了研究和实践探索(详见第三章)。

各省市对省域高校分类问题的研究与实践探索,为建立我国高等学校分类管理体系提供了良好的实践基础。但是,各省市高等教育的规模、结构和发展水平不同,加上各地分类管理研究和实践探索的侧重点各有差异,使得各省市的高等学校分类标准和类型存在较大的差异,缺乏一个相对统一的分类框架。当然,由于国家层面的分类框架和标准一直没有出台,所以也有部分省市没有明确提出其分类方案。教育部于 2017 年 1 月 25 日颁布的《关于"十三五"时期高等学校设置工作的意见》(下文简称《设置意见》),基于人才培养定位确定了我国高校的三种基本类型,即研究型、应用型和职业技能型的国家高

---

① 宋尚桂,宋柏林. 高等学校分类管理政策研究[M]. 济南:山东人民出版社,2015: 190-192.

② 国务院办公厅. 关于开展国家教育体制改革试点的通知[EB/OL]. [2019-08-21]. http://www.gov.cn/zwgk/2011-01/12/content_1783332.htm.

校"三分法"分类框架。①《设置意见》明确提出,各地要结合国家高等教育分类体系的框架以及各地区的发展实际,建立符合各地发展需要的高等教育分类体系。因此,研究型、应用型和职业技能型的国家高校"三分法",有利于国家对高等教育的统一引导,为各省域继续深入推进高等学校分类体系的建立提供了统一的框架,还鼓励各省市因地制宜探索本地化的分类体系。基于"三分法"框架进行省域高等学校分类体系的研究和实证分析,能够为各省市高等学校分类体系的构建提供范本,因而具有重要的理论意义和实践价值。

(二)为江苏省推进高等学校分类管理提供参考

江苏省对于高等教育分类体系的研究和实践探索,主要是通过分阶段推进"建立健全科学的高等学校分类评价体系"总课题的研究。2010年10月,江苏省政府发文颁布实施《江苏高等教育综合改革试验区建设方案》,其中的第十项重点工作便是"建立高等学校分类评价体系"。第一阶段的子课题"江苏省高等学校分类体系"由南京大学教育研究院承担,笔者作为课题组成员参与了该课题及后续课题的研究。2011年,课题组基于高校的基本职能,将普通高等学校分为本科学校和高职院校。其中,本科院校又进一步细分为研究型、教学研究型和教学型三种类型。由于江苏高等职业学校数量众多(2011年80所),所以尝试采用专业特征分类法、"重点"与"一般"二分法、产业面向分类法等对其进行细分。②

2011年6月17日,在"建立健全科学的高等学校分类评价体系"试点项目推进会上,江苏省教育厅组织相关专家讨论了"江苏省高等学校分类体系"研究中期成果,分类方案获得与会人员的一致认可。③ 2012年,作为推进总课题的第二阶段,江苏省内多所高校承担了各类本科院校(包括研究型大学、教学研究型大学、省属本科院校、教学型本科院校)和各类高职院校(包括一般高职院校、示范性高职院校、特色类高职院校、民办高职院校)评价指标体系的研究任务。

---

① 教育部.关于"十三五"时期高等学校设置工作的意见[EB/OL].[2019-08-21]. http://www.moe.edu.cn/srcsite/A03/s181/201702/t20170217_296529.html.
② 陆岳新,孙俊华,洪港.基于高校特色发展的江苏高校分类体系研究[J].阅江学刊,2015,7(2):81-86.
③ 潘玉娇.我省3年内建立科学的高等学校分类评价体系[N].江苏教育报,2011-06-20(1).

由于此前国家并未形成统一的高等学校分类标准和分类框架体系,所以2014年江苏省出台的《江苏省政府关于深化教育领域综合改革的实施意见》并没有具体地提出江苏省的高等学校分类方案。而《设置意见》中所确定的高校"三分法"框架,为江苏省高等学校分类体系的研制确定了"法理"标准,将会促进江苏省高校分类管理方案和政策的出台。而江苏省基于"三分法"并结合本身发展实际所确定的高校分类标准、方法和最终方案,将向国家后续标准和政策的出台提供省域经验。

(三)有利于社会对高校建立准确的认知

在高等教育大众化进程持续推进的阶段,高校分类体系的缺失以及高校同质化的发展,不仅会造成高等教育系统内部的"混乱状态",还会造成社会或家庭对高校(定位)认知的混乱,各类大学排行榜成为填报高考志愿的重要参考标准便是有力的证明。造成这种混乱的主要原因,可能是精英教育和大众化教育两个阶段特征的差异。在精英教育阶段,高校同质化发展的倾向会由于整个高等教育规模有限,而且高校的使命比较单一而相对合理。但是在大众化阶段,高校所担负的使命越来越多,高等教育的规模则更为庞大。因此,高校应当根据自身的实际进行差异化发展,这也就在客观上要求对高校进行分类。

而构建科学的省域高等学校分类体系,通过分类引导,促使高等学校确定科学合理、特色鲜明的发展定位,一是有利于社会形成对各类高校的准确认知,高中毕业生和家庭可以准确选择其所需的高等教育类型,而高校可以择其优异者录入,从而实现学生的全面发展;二是有利于高校明确自身定位,避免盲目追求同质化和升格、升等,而注重内涵建设进而形成核心竞争力。

作为一项关乎社会发展全局的社会公共事业,高等教育的办学成功备受全社会关注。各类高校排行榜近年来在引起全社会关注的同时,也为众人所诟病,究其原因,除了评价体系本身的严谨性和科学性之外,便是不接受对高校的分类,并且不同类型的排行榜缺乏可比性。而建立科学合理的高校分类体系,将使社会在一个认同度较高的平台上来评价高等教育,评价结果具有更强的可比性和可信性,有利于在各类高校之间形成错位竞争的态势,并且帮助相关领域的学者和实践者能深入了解高校发展中存在的问题,从而提出有效的解决方案。

(四)有利于高校形成合理定位和多样化发展

高校的办学特色可能是大众化阶段区别于精英教育阶段的关键特征,也是衡量高校办学质量高低的标志。好的高等教育体系,应该是一个服务于不同的市场(顾客)的、具有不同办学目标的、接受不同来源或方式补助的各类高校的集合。① 而一所高校要找到自己的生存和发展空间,关键在于根据自身的办学历史、独特资源和竞争优势,确定特色鲜明的发展定位、人才培养类型和学科专业设置等。

差异化办学是高等学校办学主体对其长远发展的一种战略选择,体现着高等学校在人才培养、科学研究、社会服务等方面的战略取向。任何一所高校,都会因为教育政策、教育方针、办学历史、治校理念、地域环境、文化氛围等内外因素的综合影响而具有与其他大学不同的特质。高校之间的差异是客观存在的,但是差异不同于优势和竞争力。当已有差异内化为特色时,高校才具有竞争优势。高校的差异化发展指的主要是差异化的办学特色,差异化发展是特色发展的继续和延伸。

高等学校分类体系的构建,不仅是为了分类,更是为了明确不同类型高校的不同使命,促使各个系统之间形成有序的衔接和密切的配合,进而建立起省域高校共生系统。分类管理有助于高校选择错位发展,形成定位明晰、功能互补、特色鲜明的高等学校生态系统。高等学校的分类不仅能细化高等教育内部的分工,更为高校的转型发展和实现有特色的可持续发展提供基础。同时,在同类高校之间引入竞争机制,发挥横向比较和资源配置的导向作用,将有利于最大限度地实现高等教育资源的最优配置。

建立高等学校分类体系,有利于高校确定合理的差异化定位,有利于高校发挥自身优势和潜力,有利于提高高校适应社会发展需要的能力。建立在科学合理的分类体系之上的高等学校分类管理、社会认知以及第三方分类评价,将共同促使高校选择特色定位和错位竞争,注重内涵建设,提升核心竞争力,最终全面提升高等教育质量。

---

① 潘黎.基于知识布局的辽宁普通高校分类研究[D].大连:大连理工大学,2007:2.

第一章 绪论

第二节 核心概念界定

一、类型与分类

在《现代汉语词典》中,"类型"一词是指具有共同特征的事物所形成的种类。

在《辞海》中,"类型"一词的解释共三种,与本研究相联系的有两种:一是种类,即由两种或多种具有相似或相同属性的事物共同组成的一组事物;二是自然辩证法中与"层次"相关的一组概念。因此,类型可以界定为按照一定的标准,将两种或多种具有共同特征的事物或者现象进行归类所形成的范畴。

根据张培林在《自然辩证法概论》中的界定,分类(classify,ort,categorize)是一种认识事物的方法,它通过分析比较事物之间的异同,基于事物之间的相同之处将其归为大类,再按照不同之处归为小类。① 分类是基于特定的需要或目的,通过分析比较事物或现象之间的相同点和不同点,进而确定分类的标准或原则,将事物或现象划分为不同类型的一种动态的过程。一般而言,分类很难涵盖事物或现象的全部特征,而往往只关注其某些特征。

二、普通高等学校

本研究中的高等学校,特指普通高等学校。普通高等学校一般简称为"普通高校",是按照国家规定的标准和程序通过批准而设置举办的,通过国家统一招生考试,培养对象以高中毕业生为主,实施高等教育的全日制本科高校、高等专科学校和高等职业技术学院等。

---

① 张培林.自然辩证法概论[M].北京:科学出版社,2000.

17

三、高等学校分类

高等学校的类型是基于特定的价值立场或价值取向,确定一定的指导原则及具体标准,来对具有某些共同特征的高等学校进行归类而形成的分类。而分类标准不同,所产生的高等学校分类结果也必然大不相同。

高等学校分类是为了特定的目的,基于一定的指导思想和分类原则,确定具体的分类标准或方法,通过搜集整理反映高等学校发展特征的数据资料,分析高等学校之间存在的异同进而对其进行归并的过程。高等学校分类的主体往往是教育决策和管理部门,其目的是引导高校实现特色定位和多样化发展,在提升自身竞争力的同时,适应社会教育需求的日益多元化。任何分类方法都只能关注到高等教育系统的部分特征,加之高等教育系统本身的复杂性,因而任何高等学校分类方案都难以做到全面涵盖高校的全部特征。

第三节 研究内容与方法

一、研究内容

建立多样化的高等教育系统,既是我国社会发展对高等教育的客观需求,也是高等教育由大众化阶段转入普及化阶段的自身发展诉求,更是"高教强省""高教强国"乃至创新型国家建设战略实施的必经之路。而目前我国高等教育发展过程中存在的高等学校定位不明正在威胁着我国高等教育较为脆弱的多样性,因此构建高等学校分类体系来引导其实现个性化、特色化发展是当务之急。在高等学校的发展中,自身定位是内因,分类引导是外因,而构建多样化的高等教育系统,则需要二者之间的有机协同。①

---

① 潘金林. 高校分类:高等教育多样性发展的重要导向[J]. 教育发展研究,2010(1):5.

科学合理的高等学校分类体系和高等教育分类引导政策,是高等学校各安其位、分类发展的前提。只有构建起一个立体的分类与分层相结合的高等学校分类体系,才能有效地引导不同类型和不同层次的高等学校确定科学的定位和实现特色化发展,才有可能从源头上解决目前世界各国高等教育发展中普遍面临的高校竞相升格、趋同、攀升等难题。《设置意见》明确提出,要从财政拨款标准、教育质量评估、人事管理、监测评价等方面,积极探索建立适应不同类型高校发展需要的管理制度,通过资源配置和政策引导等机制,促使不同类型高校各安其位,逐步形成高等教育系统良性发展的格局。省域高等学校分类管理的配套措施也是分类体系的重要组成部分。

因此,本研究的主要内容包括:

(1)建构高等学校分类体系的理论研究;

(2)高等学校分类体系的国内外比较与借鉴;

(3)省域高等学校分类的标准与尺度研究;

(4)省域高等教育分类体系的核心指标、特征和分类方案;

(5)省域高等教育分类管理的配套措施研究。

二、研究方法

(一)文本分析法

高校分类的基础,将从过去的"行政统一指令性",演变到"市场需求多样性"。这就意味着现阶段高等学校分类不再是完全根据教育部的指令,而更多的是立足所在地社会发展、经济建设的需要,并且高校社会职能的发挥也是根据当地社会所需。[①] 同样,在高等学校分类引导中,同样要考虑各个高校的发展实际以及其发展定位。因此,在江苏省高等学校试分类中,将会通过对各高校的"十三五"规划及其他官方文本,来对各高校的战略定位进行文本分析,以确定各个高校规划中对于自身类型的定位。在此基础上,将文本分析的高校分类与定量分析的高校分类进行综合或相互验证,进而实现分类与定位之间的协同。

---

① 刘海峰,史秋衡. 高等教育研究的国家队[M]. 厦门:厦门大学出版社,2018:133.

(二)比较研究法

对高等教育机构的分类问题的研究起步于以美国为代表的高等教育相对发达的国家。这一问题并不是我国所独有的,而是一个世界性的问题,因此在研究过程中,积极借鉴其他国家以及国内其他省份的经验,并结合我省高等教育的实际,是研究取得进展的一个重要举措。课题组在理清分类思路,确定江苏高等学校分类的维度和类型的研究中,借鉴了美国、英国、俄罗斯、法国、德国、日本等国有关高等学校(或高等教育)分类的相关研究成果。同时,课题组还参考美国、德国等区域性分类管理或分类评估的实践经验,借鉴国内各省份有关高等学校分类的实践探索的经验或研究成果,从而构建省域高等教育分类的指标和标准。

(三)定量分析法

本研究涉及大量的院校发展数据和资料,对这些数据资料进行整理、概括,寻找数据的分布特征,用以反映研究对象的内容和实质的方法自然就非常关键。在分类过程中,课题组对江苏省普通本科院校、高职(专科)院校的教师规模、在校生规模和结构、专业设置情况等各类数据进行了统计分析,包括借鉴典型高校在核心分类指标上的表现,来确定不同类型之间的分界点。

(四)专家咨询法

江苏高等学校分类的研究要求全面了解整个江苏高等教育发展现状以及相关分类方法,这就使得在课题的研究中充分向相关领域的专家咨询和请教非常重要。因此,本研究在分类研究的不同阶段,包括确定分类原则、分类标准以及分类管理策略设计的过程中,多次使用了专家咨询法。专家咨询法又称德尔菲法,其特点在于有效利用专家所具备的丰富经验,经过不断的反馈和修改得到比较满意的结果。这种方法操作简便,针对性强。

三、可能的创新之处

本研究可能的创新之处在于:

第一,基于《设置意见》确定的国家高等学校"三分法"体系,构建省域高等

第一章 绪 论

学校分类框架和标准,并基于江苏省高校来进行试分类。目前,在提出具体高校分类方案的省市中,上海市和浙江省提出了高校分类的理想模型和操作标准,但是还处于实践探索和调适的进程中。山东省、陕西省和黑龙江省在高校分类管理政策中,将省域高校分为原"985工程""211工程"院校,以及"双一流"建设中的中央或地方"高水平大学"建设项目入选高校。而国家与地方协同的高校分类政策的出台,包括高校分类设置标准的出台,需要来自省域的经验和对各类高校发展情况的深描。

第二,在研究方法上,注重分类发展的外因(外部分类)和内因(高校发展定位)的结合,以保证省域高等教育多样性系统的形成。在试分类中,通过对江苏省高等学校战略发展定位的定性分析和文本分类编码,结合关键性分类指标的定量比较分析,共同确定每所高校所属的类型。

第三,在比较分析省域分类体系中,对美、德两国州政府的高等教育分类管理实践,国内省域政府的实践探索以及对省域的理论研究成果进行了系统的梳理。这将为我国省域高校分类体系的研究提供系统的经验素材。

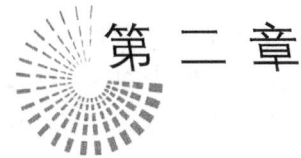

第二章

国内外相关研究述评

高等学校分类问题是一个十分重要的问题,关系到高校能否保持可持续发展。同时,这个问题也是一个世界性的难题,可谓"仁者见仁,智者见智",至今没有统一的模式和定论。自20世纪70年代美国卡内基高等教育机构分类法发布以来,世界各国在高等学校分类方面形成了一大批研究成果。自我国高考扩招以来,高等教育规模的迅速扩张,在打破高等教育系统内部均衡的同时,也引起了社会各界对高等学校分类的关注,相关研究提出了各式各样的分类方案。本章将分别对国外高等学校分类、国内高等学校分类以及国内学者对高等学校分类的理论研究文献进行梳理,进而总结其主要类型和分类标准。

第一节 国外高等学校分类体系

一、联合国教科文组织的国际教育标准分类法

1. 发展历程

为了向世界各国提供一个进行教育统计分析的标准框架,联合国教科文组织(UNESCO)先后颁布了三个版本的"国际教育标准分类"(International Standard Classification of Education,ISCED)。[①] 而这为更好地描述日益复杂

---

① 史秋衡. 国家高校分类体系及其设置标准实证研究[M]. 北京:科学出版社,2016:序言 i.

的世界高等教育发展状况,进行高等教育系统的国际比较提供了平台。

第一个版本于1976年第35届国际教育会议上获得批准,主要是根据1958年第10届大会通过的有关国际教育统计标准的建议而制定;第二个版本于1997年在第29届联合国教科文组织大会上被正式批准颁布;第三个版本则于2011年提交到第36届联合国教科文组织大会审议,最终于2013年被批准实施。

2.不同版本的比较

在"国际教育标准分类"中,高等教育阶段被划入第三级教育。以第二版(1997年版)为例,第三级高等教育被分为两个阶段(图2-1):

5级阶段,相当于我国的专科、本科和硕士研究生阶段①,具体又分5A1、5A2和5B三种细分类型。其中,5A1属于培养为研究做准备的学术型人才,按照学科来设置专业,学习年限一般为4年,之后可以获得学术型的学士学位或硕士学位;5A2属于培养应用型专门人才,按照行业设置专业,学习年限为2～3年或者更长,之后可以获得专业型的学士学位或硕士学位;5B培养的是实用性、技术型的人才,即高等职业教育。其中5A相当于普通本科教育。6级阶段相当于我国的博士研究生阶段。

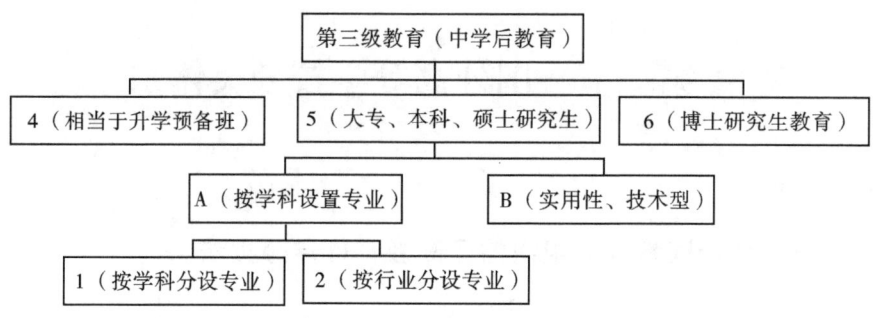

图2-1 "国际教育标准分类"(1997年版)中的高等教育体系

资料来源:潘懋元,吴玫.高等学校分类与定位问题[J].复旦教育论坛,2003(3):7.

第二版的"国际教育标准分类",从两个维度对高等教育阶段进行划分:一是根据学位授予情况,将其分为代号为5和6的两个阶段;二是根据培养定位

---

① 潘懋元,吴玫.高等学校分类与定位问题[J].复旦教育论坛,2003(3):7.

第二章 国内外相关研究述评

对代号为 5 的阶段两次细分,得到 5A1、5A2 和 5B 三个类别。

相对于第二版,第三版(2011 年版)的"国际教育标准分类"进行了多处调整,包括对相关概念的重新界定,区分出正规和非正规两种形式的教育,增加了公共资格证书,并调整了具体的教育级别划分。其中与高等教育有关的调整有两处[①]。一是重新定义了高等教育,将高等教育界定为在中等教育基础上,在专门化的学科领域提供学习活动;它是高度复杂的、专业化的学习,既包括学术型教育,也包括高等职业教育或专业教育。二是将高等教育阶段由第二版的 5 级和 6 级两个级别拓展为 5 级到 8 级四个级别,具体包括短期高等教育、学士或同等学位、硕士或同等学位以及博士或同等学位。

二、欧洲大陆的高等学校分类

(一)欧洲 U-Map 分类项目

1. 项目背景和发展历程

欧洲拥有着与美国规模相近的高等教育机构,但是高等教育机构的多样化程度远高于美国,因此欧洲各国高等学校的分类体系之间存在着巨大的差异。而推进博洛尼亚进程,建立欧洲高等教育区和欧洲研究区等欧洲一体化战略的实施,客观上需要建立相对统一并具有权威性的欧洲高等教育分类体系。在此背景下,欧盟资助启动了欧洲高等教育机构分类项目(Classifying European Institutions of Higher Education,CEIHE),其目的在于像美国卡内基高等教育机构分类那样,建立一套欧洲统一的、权威的高等教育机构分类体系,而该项目的核心成果便是"大学地图"(U-Map)。启动于 2004 年底的 U-Map 项目,由荷兰特文特大学高等教育政策研究中心(Center for Higher Education Policy Studies of University of Twente,CHEPS)的弗兰斯·F.范富格特担任负责人,欧洲 9 所大学或研究机构的 22 名研究人员参与了该项目。经过研究和论证,该分类项目确定了包括 6 个维度和 23 个指标的分类体系,并进入实施推广阶段。U-Map 项目成功的关键在于明确的分类原则、科

---

① 杨仲山,郑彦. ISCED(2011):理论发展与分类变化[J]. 统计研究,2012,29(11):26-30.

学的实证研究、清晰的概念框架、多元的民主参与。①

自2004年开始设计以来,U-Map分类项目共经历了六个发展阶段②:

第一阶段:分类项目的研究于2004年11月开始启动,并于2005年8月发布了题为《院校概述:对欧洲高等教育机构的分类法》的研究报告。

第二阶段:开始于2005年9月,并于2008年9月发布了题为《描绘多样性:开发欧洲高等教育机构分类》的研究报告,确定了包含具体维度和一级指标的U-Map分类方案。

第三阶段:开始于2008年10月,并于2010年1月发布了题为《U-Map最终报告2010》的报告,通过深入的研讨确定了最终的分类维度和指标。

第四阶段:从2010年2月开始高等教育机构的分类实践,到2011年10月发布《2011年U-Map更新报告》,其间收集了236所高校的数据。

第五阶段:从2011年11月开始到2012年10月,对高等教育机构的多样性特征进行比较,其间荷兰和北欧国家教育部决定将U-Map项目应用于高等教育机构的分类。

第六阶段:从2013年开始,推进U-Map项目的国际化,其间收集了欧洲8个国家300多所高校的数据,并且项目所描述的高等教育机构多样性特征和结果可供参与者查看。

U-Map分类项目所涉及的分类体系,基于高等学校分类理论的"利益"视角,关注高等学校分类指标的"社会"属性,并且注重高等教育机构分类结果的"自然"③,有利于利益相关者深入了解高等教育机构的发展特点及其多样性,使得高等教育机构分类贴近社会需求。

2.分类标准与指标体系

U-Map分类项目基于有效性、合法性和可行性等三项基本原则,从有关大学基本活动的多维视角切入,构建了高等教育机构分类的概念网格表(表2-1)。

---

① 吴岩,王楠,国兆亮.欧洲高等学校分类的维度与指标体系构建及其启示[J].国家教育行政学院学报,2013(4):91-95.

② 茹宁.U-Map:欧洲版本的高等教育分类体系[J].中国高教研究,2012(3):49-53;History-of-u-map[EB/OL].[2019-08-21].http://about.u-map.org/background/history-of-u-map/.

③ 陈凡,吴跃文.欧洲高校分类新动向:大学图[J].中国高教研究,2012(2):48-51.

表 2-1　U-Map 的概念网格表

背景信息	过程描述			执行评价
	投入	生产	产出	影响
教学				
科研				
知识转换				
国际化				
地方服务				

资料来源：U-Map：The European Classification of Higher Education Institution[EB/OL].[2019-08-21]. http://www.u-map.eu/；茹宁.U-Map：欧洲版本的高等教育分类体系[J].中国高教研究，2012(3)：49-53.

在分类原则和概念网格表的基础上，经过与利益相关者的多轮讨论和测试，最终敲定了分类体系的 6 个维度和 23 个一级指标（表 2-2）。

表 2-2　2010 年版 U-Map 分类维度与指标体系

分类维度	分类指标	指标分界点
维度一：教学状况	1.学位层次	博士学位授予数(≥5%) 硕士学位授予数(≥25%) 学士学位授予数(≥40%) 副学士学位授予数(≥5%)
	2.学位方向	颁发的学术型学位(>1/3) 颁发的专业型学位(>1/3) 颁发的职业型学位(>1/3) 颁发某两种学位之和(>1/3)
	3.学科范围	3,6
	4.教学经费支出(占比)	5%,20%,40%

续表

分类维度	分类指标	指标分界点
维度二：学生状况	5.成年学生（占比）	5%,10%,20%
	6.非全日制学生（占比）	5%,10%,20%
	7.接受远程教育学生（占比）	5%,10%,20%
	8.学生规模	5000,15000,30000
维度三：科研状况	9.同行评议的出版物	学术刊物:0.1,0.75,1.5 专业刊物:0.5,3.75,7.5
	10.博士学位产量	0,0.05,0.15
	11.科研经费支出（占比）	5%,20%,40%
维度四：知识应用	12.创业公司	1,5,10
	13.专利申请	1,5,10
	14.文化活动	0,50,100
	15.从事知识交换活动的收入（占比）	0,1%,10%
维度五：国际化	16.攻读学位的外国留学生（占比）	0.5%,2.5%,7.5%
	17.国际交流项目中招收学生（占比）	0.5%,2.5%,7.5%
	18.国际交流项目中派出学生（占比）	0.5%,2.5%,7.5%
	19.国际学术人员（占比）	1%,5%,10%
	20.国际性收入的重要程度（占比）	1%,5%,10%
维度六：地区参与	21.留本地工作的毕业生（占比）	1%,5%,10%
	22.来自本地的本科一年级学生（占比）	1%,5%,10%
	23.地方性收入的重要程度（占比）	1%,5%,10%

资料来源：茹宁.U-Map：欧洲版本的高等教育分类体系[J].中国高教研究,2012(3)：49-53.

对于每一个具体的一级分类指标,U-Map分类项目一般都会根据参与院校的数据来确定3个分界点来划分出4个分类区间,每个分类区间对应着数量由少到多、重要性由低到高。

总体而言,U-Map的特征包括：使用多维度而非单一分类标准,进行描述性而非规定性分类,强调多元化而非等级性,关注动态、灵活而非静态性,进行事后而非事前性分类。

U-Map 分类在第五个阶段当中(2012 年)进行了改进和调整①:一是将原先分类方案中的 6 个维度、23 个一级指标修订为 6 个维度、29 个一级指标,同时基于参与高校的数据重新计算和更新了类型划分的临界点(表 2-3)。

表 2-3　2012 年欧洲高等学校分类框架中的指标构成及其分类临界点

维度	分类指标	临界点
维度一: 教学状况	1.博士学位授予集中度	0,0.75%,4%
	2.硕士学位授予集中度	5.0%,25.0%,45.0%
	3.学士学位授予集中度	45.0%,65.0%,93.0%
	4.副学士学位授予集中度	0.00%,0.01%
	5.学科领域覆盖面	0,3,7
	6.传统性及通识性课程导向	0%,25%,65%
	7.专业性及职业性课程导向	35%,75%,100%
	8.教学支出	55%,80%,90%
维度二: 知识应用	9.高校衍生公司数量	0.0,1.3,7.0
	10.专利申请情况	0.00,9.50
	11.文化活动数量	3,29,125
	12.知识转化所得收入的百分比	1.50%,5.00%,8.00%
维度三: 学生状况	13.成人学生占比	10.0%,20.0%,30.0%
	14.非全日制学生占比	0.00%,5.00%,18.00%
	15.远程教育学生占比	0.00%,0.075%
	16.在校生规模	1600,7000,18000
维度四: 国际化	17.接收国际交换生占比	1.00%,2.00%,3.00%
	18.派出国际交换生占比	0.75%,1.50%,3.00%
	19.攻读学位的外国学生占比	0.40%,2.00%,6.80%
	20.非本国学术人员占比	1.75%,5.00%,12.00%
	21.国际性来源收入占比	0.30%,1.45%,4.75%

---

① 王楠. 欧洲高等学校分类框架的创建过程及其最新进展[J]. 首都师范大学学报(社会科学版),2013(3):117-122.

续表

维度	分类指标	临界点
维度五：科研状况	22.学术出版物	0.10,0.60,1.35
	23.专业出版物	0.10,0.30,0.90
	24.其他研究产出	0.00,0.04,0.07
	25.博士教育产出	0.00,0.03,0.11
	26.研究支出	7.0%,16.0%,36.0%
维度六：地区参与	27.在本地区工作的毕业生占比	0.0%,45.0%,70.0%
	28.本地籍新生占比	42.0%,65.0%,80.0%
	29.本地/区域性来源收入占比	0.00%,1.60%,8.50%

资料来源：王楠.欧洲高等学校分类框架的创建过程及其最新进展[J].首都师范大学学报(社会科学版),2013(3):117-122.

通过比较可知,2012年版的分类指标体系中,除了调整各个维度的顺序之外,通过将之前教学情况维度和科研状况维度下的四个指标的操作化细分指标扩展为分类指标,从而将原先的23个指标增加到29个指标。具体而言,将原先教育状况维度下的学位层次指标扩展为4个指标,学位方向指标扩展为2个指标;将原先科研状况维度下的同行评议的出版物指标扩展为2个指标,科研经费支出扩展为2个指标。

(二)俄罗斯

自1990年至今,俄罗斯的高等教育发展可以分为三个阶段,在此过程中逐渐形成了高等教育的多级体制以及高等学校分类体系。

1.第一个阶段(1990/1991年—2002/2003年)

该阶段的特点为:私立大学大量建立,自费生数量明显增加,各种不同类型的学院成立,俄罗斯联邦教育与科学部执着于市场对高校设立的自我调节,基本放弃了监管。

1993年,俄罗斯联邦政府部长会议批准实施的《俄罗斯联邦高等专业教育机关的典型条例》,将俄罗斯高校分为大学、学术学院、学院、专科学院等四种类型。大学实施各层次的高等教育,从事广泛的基础科学研究;学术学院实施高等教育及补充教育,从事科学研究;学院实施专业教育大纲,从事科学研究,既可作为独立的高校,也可作为大学、学术学院的一部分(结构性下属部门);专科学院实施完整或不完整的高等专业教育大纲。

1996 年,《俄罗斯联邦高等和大学后职业教育法》颁布实施,正式明确了俄罗斯的高等教育系统。它由三个教育年限和教育内容各异而又紧密衔接的教育层次构成①:

第一个教育层次,是不完全高等教育阶段,即高等教育的初级或专科阶段。这是一个教育年限为 3~3.5 年、培养技术员或初级工程师的教育阶段,顺利完成教育者将获得不完全高等教育证书以及相应的初级专门人才职业资格。

第二个教育层次,是基础高等教育阶段。具体包括两类:一是在普通中等教育的基础上至少学习 4 年,顺利完成将被授予学士学位及高等教育证书;二是在不完全高等教育的基础上,接受为期 2 年的非专业化高等教育,顺利完成后可以直接进入就业市场或者申请第三层次的高等教育。

第三个教育层次,是培养专业化的高级技术或应用型人才的完全高等教育或专业化教育阶段。具体包括两类,一是在普通中等教育的基础上进行为期 5~6 年的专业学习,顺利毕业后将获得高等教育毕业证书及相应的职业资格;二是在基础高等教育的基础上按方向进行为期 2~3 年的硕士培养,顺利毕业后将获得高等教育毕业证书及相应的硕士学位。完成这两类中任一形式的高等教育,都将获得报考研究生部的资格。

同时,根据教育层次和专业范围,《俄罗斯联邦高等和大学后职业教育法》将俄罗斯高校从横向上分为三类,即综合型大学、专科大学和专科学院。这三类高校在学科建设水平与社会声誉方面存在着明显的差异。

2.第二阶段(2002/2003 年—2008 年)

该时期有三个特点:一是高校发生了质的变化,国立高校实际上变为半商业化的教育机构,更加面向公开教育、人才市场需求,自费生的比例大量增加。二是高校制度发生改变,行政管理部门与教师、学生相互独立,前者对教育商业化有兴趣,而后两者则结成了隐形同盟。三是俄罗斯联邦科学与教育部摒

---

① 单春艳,肖甦. 俄罗斯高等教育层次结构及学位制度的改革与现状评述[J]. 比较教育研究,2008(9):46-50;杨广云. 俄罗斯高等教育层次分类述评[J]. 煤炭高等教育,2003,21(6):6-10.

弃了第一个阶段放任不管、完全依靠市场自己调节的态度,开始从教育的主体出发,模仿现代化高等教育模式开始发展本国高等教育,同时开始重视教师团队资质考评,提出教师入职需要经过职业培训,同时对教师学术文章发表量及科研活动提出了相应要求。

俄罗斯于2003年9月在柏林召开的欧洲教育部门会上签署了《博洛尼亚宣言》,正式加入博洛尼亚进程。为了更好地满足博洛尼亚进程的需求以及加入世界贸易组织的必要条件,俄罗斯联邦科学与教育部于2007年底通过了《教育》《高等教育及大学毕业后职业教育》等法令,将学士教育、硕士教育等作为高等教育的基本框架写入法律中,正式建立现代化的高等教育制度。在此时期,俄罗斯联邦科学与教育部通过法规建立了第三代国家高等教育标准并开始施行。[①] 加入博洛尼亚进程后,俄罗斯形成了三级的高等教育结构:

第一级:学士。该等级教育只招收中学毕业生或者完成中等职业教育的学生,学制4年。学生完成毕业论文答辩后,根据结果授予相应的学位证书(理论学士学位和应用型学士学位)。

第二级:专家、硕士。该等级教育包括:

(1)专家学位教育:该教育项目与本科生教育的区别在于主导学生学习和从事行业实践工作。该项教育只招收中学毕业生或者完成中等职业教育的学生,学制不得少于5年。根据考试结果以及通过专家毕业论文答辩等相关要求,授予专家学位证书(譬如天文学家、教师、信息安全专家等)。取得专家学位的毕业生有权从事相关专业的工作或者继续攻读研究生、博士生的学位。

(2)研究生教育:教育的目的在于加强所选学科的专业性。取得学士学位和专家学位的学生可以申请硕士教育,学制不得少于2年。硕士教育教导学生从事科研活动。学生通过硕士毕业论文答辩后可获得硕士学位。

第三级:培养高素质人才。该等级教育包括:

(1)博士生教育:对科研和教学人才进行培养的教育模式。可以招收硕士毕业生和专家学位毕业生。教育形式包括授课学习、自身教学活动、教学实践、科研工作。博士生选择与自己专业方向相关的题目作为毕业论文的题目。全日制学生学制不得少于3年,函授学生不得少于4年。毕业后可获得学位

---

① 李艳辉,O.A.玛什金娜.俄罗斯第三代高等教育国家标准:背景、框架、特点[J].高等教育研究,2014(2):102-109.

毕业证书(研究员、教师研究员)。根据毕业论文答辩的结果授予副博士学位,该学位初步确立了其学者的地位(第一级别)。取得副博士学位的学生可以继续攻读博士学位,在通过了博士论文答辩后可以获得博士学位(第二级别,正式确立其学者的地位)。

(2)高等军事学校研究班:类似博士生教育的教育机构,与俄罗斯内政部和国防部门合作。

(3)临床实习:医学院毕业生毕业后的教育形式,通过后则有权从事专业工作。该教育持续1年,在高职称同行的指导下在医疗机构进行实践活动。

(4)临床医学研究科:医学(药品)领域的最后一个培训阶段。只有接受过高等医学(药品)教育的人员才可以申请该教育。学制2年,在医疗机构的实践中深入学习医学,使学生掌握必要的能力和技巧。最后提供三级考试。毕业生授予专业文凭并取得在医疗机构从事专业工作的专家资格。

3.第三阶段(2008年至今)

该阶段的特点为:俄罗斯联邦教育与科学部积极推动高等教育改革,推动高校裁撤或者重组,同时广大教师对高校监管改革需求迫切。在此阶段,俄罗斯通过增补法律条文的形式确保了高校改革的法律基础。在有关高等教育机构的种类的条文中,提出联邦政府可以建立"联邦大学"和"国立研究型大学",而在此过程中,该机构组织应属于限定种类之中。①

建设联邦大学的主要目标是在区域教育优化结构的基础上发展高等职业教育系统,并加强高等教育机构与联邦区域经济和社会领域活动之间的联系。联邦大学在规划和实施创新服务和深加工的基础上建立,有助于在联邦地区形成和发展竞争性人力资本。这一使命是通过组织与协调工作,确保提供合格人员,在联邦区域内制定社会经济发展重大计划,并有赖于高级科学技术的解决方案最终完成的。各联邦大学由总统的决定建立,各联邦大学校长是由联邦政府指派的而非通过大学遴选确定,任期一届为5年。

为了保证及时掌握国民经济、社会发展、理论探究、科学技术以及研究发展领域的最新动态,开发和引进高新技术,俄罗斯开始国立研究型大学的建设。俄罗斯设立了9所联邦大学(2014年新增1所),让这些大学根据区域发

---

① 王森.俄罗斯联邦大学和国家研究型大学建设管窥[J].高教探索,2015(4):44-50.

展规划,自行培养符合地区经济文化需求的高素质人才,建设高质量的高等教育体系。

另外,通过对高校的发展现状和未来发展潜力、人力资源储备、办学基础设施、科研基础、人才培养和科学研究活动的质量、国内外省域以及预期建设成果等的综合评价,俄罗斯确定建设27所国立研究型大学。莫斯科大学和圣彼得堡大学因为具有特殊地位而直接入选,加上莫斯科工程物理学院和莫斯科钢铁合金学院这两所试点大学,国立研究型大学总数达到了31所。①

(三)德国

2017—2018学年,在德国境内16个联邦州分布着429所大学,学生总数为2844978人。其中,德国的综合性大学共有106所,应用技术大学共有218所,高等艺术与音乐学院共有53所,各培养175万名、98万名、3.6万名学生。② 2017年在德国的留学生人数约为20万人。③ 依据基本职能和办学定位,可以将德国的高校分为四大类④:

一是综合性大学(university)。作为德国高等教育的主体,这类大学注重人才培养与科学研究的统一,崇尚学术自由和大学自治,一般具有博士学位授予权,学科门类覆盖和专业设置比较完善,具有很强的办学水平和实力。2017—2018学年,德国共有106所综合性大学(含科技大学),在校学生人数为1754634名,占德国全部在校大学生的61.67%。

二是应用技术大学(university of applied sciences)。这类大学构成了德国高等教育结构的第二大类,注重本科生培养,以培养应用型人才为目标,以应用开发为主导。相较于综合性大学,这类大学的办学规模更小,学科专业分布也更为集中,为了提高人才培养质量而往往比较注重小班教学。2017—

---

① 王森. 俄罗斯联邦大学和国家研究型大学建设管窥[J]. 高教探索,2015(4):44-50.

② Statisticches Bundesamt. Total of higher education institution/Students total by type of higher education [EB/OL]. [2019-08-21]. https://www.destatis.de/EN/FactsFigures/SocietyState/EducationResearchCulture/InstitutionsHigherEducation/Tables/Total-TypeInstitutionHigherEducationWinterTerm.html.

③ 许丽萍. 分类思维下的德国旅游高等教育培养目标探讨[J]. 旅游纵览,2017(8).

④ 孙进. 德国高等教育机构的分类与办学定位[J]. 中国高教研究,2013(1):61-67.

2018 学年,德国共有 218 所应用技术大学,在校学生人数为 982188 名,占德国全部在校大学生的 34.52%。

三是高等艺术与音乐学院(college of art and music)。具体包括负责培养艺术人才或基础教育艺术教师的高等艺术学院,负责培养音乐人才和基础教育音乐教师的高等音乐学院。这类高校的人才培养多以本科层次和硕士层次为主,只有部分高校能够培养博士。2017—2018 学年,德国共有 53 所高等艺术和音乐学院,在校学生人数为 36086 名,占德国全部在校大学生的 1.27%。

四是职业学院(career college)。这类学院最早于 1974 年在德国巴登-符腾堡州成立,最初的发展源于该州的校企"双元制"培养项目。这类学院培养适应企业需要的实践型高级技术人才,且只存在于部分联邦州并且规模较小,在校学生人数少于全国高校在校学生人数的 2%。

(四)法国

法国高等教育分长期和短期两种:前者为期 2 年以上,相当于我国的本科教育;后者为期 2 年,偏重于实用技术,相当于我国的专科教育。法国高等教育可以分为三个阶段:

第一阶段,学制 2 年的普通教育阶段。凭该阶段获得的"大学普通学业文凭",可直接进入第二阶段学习或进入劳动市场就业。

第二阶段,学制 2 年的专业教育阶段。该阶段的两年分别授予学士和硕士文凭,获得两个文凭后可以选择继续攻读下一个文凭,或进入劳动力市场就业。

第三阶段,学制 4~5 年的博士教育阶段。该阶段的第 1 年并行设置一个学术型和一个职业型文凭。取得学术型文凭后,方能进入博士培养阶段,通过博士论文答辩后可以获得博士学位。①

根据高等学校的人才培养定位、招生方式、培养方式、行政隶属或管理、文凭授予和财政资助等特点,可以将法国的高等学校分为四类②:

---

① 李兴业. 法国高等教育文凭与学位制度改革[J]. 比较教育研究,2006,27(1):1-4.
② 宋尚桂,宋柏林. 高等学校分类管理政策研究[M]. 济南:山东人民出版社,2015:190-192.

一是综合大学。法国的综合大学与其他发达国家的一样,主要从事基础理论知识的教学和科学研究活动,以公立为主,设置的学科专业覆盖面很广,一般按照人才培养和科学研究活动来划分内部机构。

二是高等专业大学,一般直译为"大学校"。法国的高中毕业生一般需要在预科班接受2年的专门培训并通过入学选拔考试后,才能进入高等专业大学学习,学制一般为3年,毕业后可以获得相当于硕士学位的Bac+5文凭。高等专业大学高等师范学院、工程师学院、商业管理学院、兽医学院和其他高等专业大学等五类。

三是高等专科学院。这类高等教育机构以培养高级应用型专业人才为目标,向学生提供某一特定职业技能教育或培训。高等专科学院既有公立的,也有私立的。学制因学生所学专业而有所不同,一般为2~6年,顺利毕业后将获得了国家文凭或校级文凭以及相应的从业资格。法国高等专科学院主要包括医务学院,社会事务学院,艺术、舞蹈、音乐学院和建筑学院等四种类型。

四是短期高等技术院校。这是招收具有高中或同等毕业文凭进行2年职业技术教育的高等教育机构,最早设立于20世纪六七十年代。短期高等技术院校具体包括大学技术学院和高级技师学部两类,专业方向几乎涉及所有产业部门的各个领域。学生在完成2年的学习后,有机会申请到综合大学或高等专业大学继续深造。

此外,法国还有一些因为政策特许而在日常教学、科研和行政管理中享有某种特殊地位的"高等教研机构"(Grands Etablissements),它们往往具有悠久的历史传承,并在法国及国际上享有极高的声誉。① 在这类机构中,或是负有科学、文化和职业使命的行政事业单位,或是接近于传统意义上的高等专业大学,也有个别的原先是综合大学。

三、英美的高等学校分类

(一)英国

历史上,英国高等教育可分"大学"与"非大学"两种类型。1992年,34所

---

① 申皓,陈蓓.试析法国的高等教育体制[J].法国研究,2007(3):85-92.

多科技学院以及部分其他学院升格为大学,完成了英国高等教育体系由二元制向一元制的变革。在英国高校"趋同"大伞下,今天英国呈现出了800多年高等教育历史上从来没有过的多元模式。从20世纪60年代起,英国高等教育体系经历了"二元—趋同—趋同下多元"的变革过程。

"二元",是指20世纪90年代前"大学"与"非大学"二分法。

"趋同",是指英国议会先后颁布了《高等教育:一个新框架》和《继续教育和高等教育法》两部制度文件,让34所多科技学院和部分其他学院顺利成为"1992年后大学",从而实现了英国高等教育体制新的融合。①

"趋同下多元"是指1992年后存在的各种分类体系:

一是"1992年前大学"和"1992年后大学"的两分类。

二是斯科特根据大学发展历史,在1995年将英国一元制下的大学分为12种具体包括:(1)牛津大学与剑桥大学;(2)伦敦大学;(3)维多利亚市立大学;(4)红砖大学;(5)达勒姆和基尔大学;(6)技术大学;(7)苏格兰大学;(8)威尔士大学;(9)北爱尔兰大学;(10)开放大学;(11)老的"新"大学;(12)新的"新"大学。此外,多系科学院、文科学院、继续教育学院和特殊学院等被归入非大学类别。

三是索恩与丘伯特根据学术自治、科层效率和市场竞争,在1996年把大学分为4类型:A1、A2、B1和B2大学。

四是泰特根据办学规模、经费收入、学科分布、教学水平、培养模式和学校办学历史等,在1996年将英国大学分为16种类型。②

1992年,在多科技学院和部分其他学院融入英国大学系统之后,英国政府一视同仁地通过"高等教育拨款委员会"(Higher Education Funding Councils,HEFC)对所有高等教育机构提供教学经费。但是,科研经费的拨款则是依据科研评估结果来确定。而英国每隔4~5年进行的"科研评估考核"(Research Assessment Exercise,RAE),使得英国高等教育机构逐渐出现了纵向分层的现象。例如2001年的科研评估涉及了69个学科领域,评估结果

---

① 汪雅霜,杨晓江.英国高等教育质量审计制度的演变[J].大学(学术版),2010(10):85-89,78.

② 张建新.走向多元——英国高校分类与定位的发展历程[J].比较教育研究,2005,26(3):66-70.

分为 5*、5、4、3a、3b、2、1 七个等级。① 2008 年,英国"高等教育拨款委员会"对 2001 年评估体系中部分描述不太具体的项目进行调整和重新界定,并将评估等级减少为四个等级(4、3、2、1)。②

(二)美国

美国比较有影响的高等教育机构分类有两类:一个是属于描述性分类的卡内基高等教育机构分类法,另一个是属于规定性分类的加州高等教育总体规划。本章只分析描述美国全国高等学校分类的卡内基高等教育机构分类法,下一章将会分析区域性高等学校规定性分类的加州高等教育总体规划。

1.产生背景

美国卡内基高等教育机构分类法是 20 世纪 70 年代,由克拉克·克尔(Clark Kerr)领导下的卡内基教学促进基金会开发的,1971 年首次使用,并于 1973 年正式对外发布,后来成为在美国乃至全世界范围内都具有重要影响的高等教育机构分类方法。③ 卡内基分类法最初的设计目的是要把它做成一种能够提供给高等教育研究者使用的研究工具,用以更好地描述美国高等教育机构的多样性。④

在设计分类体系的过程中,克拉克·克尔主要选择了以学术任务作为分类依据,将在院校功能定位、教师特征和学术特征三个维度上具有同质性的高等教育机构归为一类。因此,该分类方法首先根据高等教育机构授予学位的层次进行归类,得出了四个层次,即博士学位、硕士学位、学士学位文理学院和二年制学院,并对每个层次进行进一步的细分。同时,将各种专门性质的高等教育机构归并为单独的一类,并细分出其具体的二级类别。该分类框架自

---

① 汪利兵,徐洁.英国 RAE 大学科研评估制度及其对大学科研拨款的影响[J].高等教育研究,2005,26(12):93-97.

② 杨舒涵.2008 年英国 RAE 大学科研评估制度的新变革评鉴[J].理工高教研究,2009,28(4):97-99.

③ 潘黎.高校分类标准的构建及实证研究[M].北京:科学出版社,2017:9.

④ 赵婷婷,汪乐乐.高等学校为什么要分类以及怎样分类?——加州高等教育规划分类体系与卡内基高等教育机构分类的比较[J].北京大学教育评论,2008(4):166-178,192.

1973年公开发布之后,一直保持到2000年都基本不变。①

2.历次修改

卡内基高等教育机构分类法经过了7次修订,分别是在1976年、1987年、1994年、2000年、2005年、2010年和2015年。② 其中,1976和1984年版本基本上延续之前的分类体系。

1987年版本的变化,一是对学士学位及以上的教育的分类标准进行了更为具体的描述,二是在分类标准中给出了高等教育机构获得美国联邦政府科研资助的具体数量而不再是之前的排名。例如,给出了研究型大学Ⅰ类和Ⅱ类在获得联邦政府科研经费资助数量上的分割点。

1994年版本的变化,一是调整了研究型大学Ⅰ类和Ⅱ类在获得联邦政府科研经费资助数量上的分割点;二是调整了博士型大学Ⅰ类和Ⅱ类在博士学位授予专业和授予总数上的分割点。

2000年版本的变化,主要是讲研究型大学和博士型大学合并为博士/研究型大学,不再考虑获得联邦政府科研经费资助的多少,转而关注在学科类别和博士学位授予情况,进而将博士/研究型大学区分为广博型(extensive)和精深型(intensive)两个子类。

2005年11月,2005版的卡内基多维分类方案对外正式公布。该分类方案尝试从多层次、多视角来描述美国高等教育机构的复杂构成,希望为教育研究者提供多角度的分析工具来认识美国高等教育发展的多样性。2005版本分类方案的变化主要包括:③

一是突破以往单一分类标准,基于课程、学术和设置等三个问题,从本科教育、研究生教育、在校生结构、本科生特征、学校规模与设置等五个维度来构建分类标准体系。④

---

① 史静寰,赵可,夏华.卡内基高等教育机构分类与美国的研究型大学[J].北京大学教育评论,2007(2):110.

② 潘黎.高校分类标准的构建及实证研究[M].北京:科学出版社,2017:9;史秋衡.国家高校分类体系及其设置标准实证研究[M].北京:科学出版社,2016:序言 i.

③ 郭洁.2005年版卡内基高校分类标准解读[J].教育发展研究,2006(9):83-85.

④ 史静寰,赵可,夏华.卡内基高等教育机构分类与美国的研究型大学[J].北京大学教育评论,2007(2):112.

二是将学位授予层次整合为本科以下和本科以上两级,将学位课程计划作为重要的分类指标。

三是引入学校规格和学生就读方式、高校学生注册情况和本科以下高校学生情况等分类标准,引导利益相关者关注高校内部环境和学术构成。

四是突破分类主体一元化和数据官方化,基于高等教育机构的自愿参与来构建分类标准。

五是基于用户需求的个性化组合设计高校分类指标,突破了传统分类标准的固化。

在卡内基高等教育机构分类法前6次调整中,高等教育机构的基本类型数量和基本类型下的子分类数量的变化总结如下(表2-4)。

表2-4 卡内基高等教育机构分类中各类型数量变化情况

单位:所

基本类型	1973年	1976年	1987年	1994年	2000年	2005年	2010年
博士学位授予大学	4	4	4	4	2	3	3
硕士学位授予学院和大学	2	2	2	2	2	3	3
学士学位授予学院	2	2	2	2	3	3	3
副学士学位授予学院	1	1	1	1	1	14	14
专门领域机构	9	9	9	9	9	9	9
非传统研究机构	0	1	0	0	0	0	0
公司创办机构	0	0	1	0	0	0	0
部落学院	0	0	0	1	1	1	1
小计	18	19	19	19	18	33	33

资料来源:赵婷婷,汪乐乐.高等学校为什么要分类以及怎样分类?——加州高等教育规划分类体系与卡内基高等教育机构分类的比较[J].北京大学教育评论,2008(4):166-178,192.朱永东,张振刚.卡内基高等教育机构分类的演变及启示[J].高教探索,2017(2):5-12.

3. 2015版及其分类结果

2016年2月1日,2015年版卡内基高等教育机构分类结果发布。该版本仍沿用2005年版的六大类别,采用了美国国家教育统计中心(National Center for Education Statistics)、国家科学与工程统计中心(National Center for Science and Engineering Statistics)和大学委员会(College Board)的最新数据。

2015年版中最显著的变化是基本类型(即子类)的改变:将2010年版本中,基于公立/私立、学校规模和办学所在等分类标准所确定的14类授予副学士学位机构,调整为基于人才培养定位(过渡、职业和技术、混合)和主流学术类型(传统、非传统、混合)两个分类标准组合而成的9类副学士学位授予院校。另外,根据学制将专门学校分为两年制专门学校和四年制专门学校。

2015版卡内基分类将4665所机构归入7个大类33个子类:博士学位授予大学(包括极高度、高度和适度研究型大学等3类)、硕士学位授予院校(包括大型、中型和小型等3类)、学士学位授予院校(包括文理类和多领域2类)、学士/副学士学位授予院校(包括混合型和以副学士为主2类)、副学士学位授予院校(包括高过渡—高非传统、高过渡—混合传统/非传统、高过渡—高非传统、混合过渡/职业技术—高传统、混合过渡/职业技术—混合传统/非传统、混合过渡/职业技术—非传统、高职业技术—高传统、高职业技术—混合传统/非传统和高职业技术—非传统等9类)、专门高等教育机构(包括健康专业、技术专业、艺术设计和其他领域等4个两年制专门机构子类,以及神学院、医学院和中心、其他健康专门学校、工程学校、其他技术相关学校、商科学校、艺术音乐设计学校、法律学校和其他专门教育机构等9个四年制专门机构子类)和原住民院校。[①] 具体分类情况见表2-5。

---

① 王茹,高珊,吴迪.美国2015版卡内基高等教育机构分类介绍[J].世界教育信息,2017,30(9):41-43.

表 2-5 2015 版卡内基高等教育机构基本分类中的机构数和入学人数分布

高等教育机构基本类型	机构数		入学人数	
	数量(所)	比例(%)	总数(人)	比例(%)
博士学位授予大学	334	7.2	6463990	33.7
硕士学位授予院校	758	16.2	4480901	23.4
学士学位授予院校	575	12.3	963333	5.0
学士/副学士学位授予院校	404	8.7	1057463	5.5
副学士学位授予院校	1113	23.9	5216807	27.2
专门高等教育机构	1446	31.0	973518	5.1
原住民院校	35	0.8	17929	0.1
合计	4665	100.0	19173941	100.0

资料来源:王茹,高珊,吴迪.美国 2015 版卡内基高等教育机构分类介绍[J].世界教育信息,2017,30(9):41-43.

四、亚太地区的高等学校分类

(一)日本

1.天野郁夫的分类

在借鉴欧美各国大学分类经验的基础上,天野郁夫基于大学的研究与教育相统一的两个功能对日本的大学进行了分类。① 在分类中,研究功能作为大学分类的标准,被当作第一或主要的分类指标。在研究功能中,天野郁夫选取了有无设大学院研究科、是否是牙科、得到文部省科研经费的额度、授予博士学位的数量及大学院在学人数与学部在学人数之比等指标;同时,以大学的学科构成作为第二主要指标即教育功能,将大学分为"综合性大学"、"多科性大学"和"单科大学"。基于研究和教育两个功能,天野郁夫将日本的大学最终分为 5 类。具体分类体系包括:

---

① [日]天野郁夫文.试论日本的大学分类[J].陈武元,译.复旦教育论坛,2004,2(5):5-10.

类型Ⅰ:研究型大学(Research-R 型)。

类型Ⅱ:大学院大学(Doctorate Granting 1-D1 型)。

Ⅱ-1:综合性或多科性大学;

Ⅱ-2:牙医类单科大学;

Ⅱ-3:其他单科大学;

类型Ⅲ:准大学院大学(Doctorate Granting 2-D2 型)。

类型Ⅳ:硕士大学(Master Granting-M 型)。

Ⅳ-1:综合性或多科性大学;

Ⅳ-2:单科大学。

类型Ⅴ:学部大学(College-C 型)。

Ⅴ-1:多科性大学;

Ⅴ-2:女子大学;

Ⅴ-3:人文科学类单科大学;

Ⅴ-4:社会科学类单科大学;

Ⅴ-5:自然科学类大学。

2.文部科学省新分类(2019)

日本文部科学省拟于 2019 年实施新高等学校的分类:国立大学法人、公立大学、私立大学、短期大学、专门职大学/专门职短期大学/专门职学科、专修学校/各种学校、高等专门学校。①

作为实施实践性职业教育的新的高等教育机构,将设立专门职大学/专门职短期大学/专门职学科。专门职大学学制 4 年,授予"学士(专门职)"学位,专门职短期大学学制 2 年或 3 年,授予"短期大学士(专门职)"学位。为此,日本在 2017 年修改了《学校教育法》和《学位规则》,增加了专门职大学/专门职短期大学/专门职学科以及"学士(专门职)"、"短期大学士(专门职)"学位,为 2019 年设立专门职大学做好了制度准备。

以往的大学教育倾向于专业教育、素质教育以及学术研究,带有强烈的学术色彩,而即将设立的专门职大学重点培养在特定职业的业务执行能力,并且通过在企业的长期实习以及相关职业领域的教育培养学生高度的实践能力与

---

① 日本文部科学省.高等教育機関の概要と振興[EB/OL].[2019-09-09]. http://www.mext.go.jp/a_menu/ 01_d.htm.

丰富的创造力。而且包含长期的企业实习在内，与产业界协作开发教育课程，形成更加注重实践性的教育系统。专门职大学与专门学校也有所区别。专门职大学设立于大学教育制度中，课程以及教师必须达到大学所要求的水平。而专门学校并不在大学教育制度中，灵活运用高度自由的制度形式，应对社会要求，开展多样的实践性教育。并且，专门职大学毕业生授予"学士（专门职）"学位，专门职短期大学授予"短期大学士（专门职）"学位，这些学位与"学士""短期大学士"相当。

(二) 韩国

根据办学经费来源或举办者的性质，可以将韩国高校分为国立高校（中央政府举办）、公立高校（地方政府举办）和私立高校（私人举办）。其中，韩国私立高校的发展最为迅速，并成为韩国高等教育的主体。韩国高校的办学形式包括全日制和非全日制两种，具体包括七种类型，即大学校和学院（university and college）、大学院（graduate school）、专门大学（junior college）、产业大学（industrial university）、教育大学（university of education）、广播函授大学（air & correspondence university）和虚拟/网络大学（virtual university）。[1]

(三) 澳大利亚

从办学层次上，澳大利亚的高等教育机构可以分为大学和技术与继续教育学院，澳大利亚现有39所大学和200多所技术与继续教育学院。按照不同的分类标准，澳大利亚的大学可以被划分为不同的类型，例如：[2]

根据办学性质，可以将澳大利亚的大学分为公立和私立两类；

根据成立时间、建筑风格和教学水平，可以将其分为砂岩大学、红墙大学、胶树大学、科技大学、新大学等5类；

根据历史沿革、办学规模、区域位置和办学目标，可以将其分为6个层次；

根据学校特色，可以将其归入八校联盟、科技大学联盟、创新大学联盟；

---

[1] 樊彩萍. 韩国高等教育发展及其对我国高等教育的启示[J]. 滁州学院学报，2007,9(4):6-10.

[2] 崔慧丽,潘黎. 澳大利亚高等教育机构分层与分类的概况、特点及启示[J]. 现代教育科学，2016(5):135-140.

第二章 国内外相关研究述评

根据教学水平、科研状况和学校资源,可以将其分为教学型和研究型。

第二节 国内高等学校分类体系

本节主要回顾和总结国内有关全国高等学校分类体系的研究结果,并对其中分类体系完整、分类标准系统甚至有明确分类阈值的分类研究成果进行详细分析。而以省域高等学校作为分类研究对象或者以省域高校进行实证分析的相关研究,将安排在下一章进行分析比较。

一、大学评估型分类法

大学评估型分类,是评估机构依据一系列的评估指标来构建的高校分类体系。评估机构一般会将分类结果向社会公布,这样能够形成社会对高校教育质量关注与监督的氛围,具有很强的现实意义与指导作用。在我国,比较有代表性的大学评估型分类方法当属武书连课题组分类法。

2002年,广东管理科学研究院武书连课题组首次提出按照"类"和"型"来设计中国高等学校的分类方案。① 其中,类是指高等学校的学科覆盖面,按照其在各学科门类中的分布情况,将其分为综合类、文理类和单科类等13类。型是指高校大学的科研投入规模、强度以及水平,据此将其分为研究型、研究教学型、教学研究型、教学型等四种类型。依据类和型来组合成具体的高校类型。

二、学术研究型分类法

浙江大学"中国高等学校的分类问题研究"课题组提出了典型的学术研究型分类方法,这种分类方法对各种类型和层次的高校正确定位、合理分工和特色办学具有一定的借鉴意义,也能够对科学研究起到一定的指导作用。

---

① 武书连.再探大学分类[J].科学学与科学技术管理,2002,23(10):51-56.

"中国高等学校的分类问题研究"课题于2005年底由教育部批准立项,以2006年教育部批准注册的1853所普通高校为分类对象,采用定性与定量相结合的分类标准,从教育、研究和职业三个维度(U-ERO模型)进行了分类。并基于2006年的数据,将我国高等学校分为3个大类11个小类23个型。[①]

第一类是研究生院大学(52所),即经国家批准设立研究生院的大学。可以将其细分为文理类大学(14所)和专业类大学(38所,包括专业综合型和专业多科型)2个小类。

第二类是没有成立研究生院的普通本科院校(666所)。可以将其细分为直属本科类(51所)、师范本科类(89所)、普通文科类(99所,博士点数≥15个,且文科博士点≥80%;或者文科硕士点数≥80%;或者文科本科专业数≥80%)、普通理科类(267所,博士点数≥15个,且理科博士点≥80%;或者理科硕士点数≥80%;或者理科本科专业数≥80%)和普通综合类(160所)等5个小类,而每个小类又可以被细分为学位高共存型、学位低共存型和学位无共存型。

第三类是高等职业院校(1135所)。可以将其细分为师范专科类(51所)、高职文科类(369所)、高职理科类(243所)和高职综合类(472所)等4个小类。在此基础上,又将"高职综合类"分为高职综合类一型——具有专科、专升本等多元办学形式,规模大、实力强的高职院校;以及高职综合类二型——仅有职业专科教育,规模、实力相对较弱的高职院校。

该分类方法首先基于人才培养层次,将我国高校分为研究生院大学、普通本科院校和高等职业院校等三大类,然后进一步将其分为小类和型。作为事后的描述性分类,能够保证每种院校的类型都有确定的数量,因此具有较好的严密性和实用性。

通过考察该分类方法不难发现,相对于以前的分类法,该分类采用了教育、研究和职业三个维度,也就是说,增加了反映高校学生毕业后"知识应用"去向的"职业维度",具有一定的创意。该分类法简洁明了且操作性强。但是,分类中存在部分院校交叉重叠的缺陷,比如,在第二大类的"普通本科院校"中有"直属本科"和"师范本科"等5个小类。如果一所院校既是教育部直属院

---

① 浙江大学课题组. 中国高等学校的分类问题[M]. 北京:高等教育出版社,2009:85-92.

校,同时又是师范院校,这样的大学如何归类就存在着一个问题,如华中师范大学就是一例。虽然该课题组根据其分类法将其划归"直属本科类",显然这一结果显得有些牵强。

三、分次划分法

该分类法是由湖南大学的陈厚丰提出的,共进行三次划分:①

(1)第一次划分。包括两步:第一步,依据办学经费来源或举办者的性质,将我国高等学校分为公立和民办两个一级类别;第二步,依据是否盈利,将民办高等学校分为营利性和非营利性两类。

(2)第二次划分。根据履行三大基本社会功能的情况,从纵向上划分出高等学校的研究型、教学研究型、教学型和应用型等四种类型。

(3)第三次划分。依据高等学校学科(专业)覆盖面,将高等学校分为综合类、多科类和单科类三种。

将上述结果汇总后,就得到了 3 类 4 型 12 种不同类别的高校分类体系。

分次划分法的优势在于,选取多个分类标准,覆盖高等学校的多个维度,分类标准明确且具有很强的操作性。但是同时也存在以下不足:②一是过于追求完备性,既将按照地理区域和重点建设所形成的各种习惯性高校名称纳入分类体系,又设计了多个维度和多层次分类指标体系,客观上造成分类体系过于庞杂而不易识记。二是多维度多指标下的过度分割,容易造成从某一角度来认识高度学校,从而忽视高校的整体性以及产生认知上的偏差。三是该分类方法依据当前高校的发展状况,属于事后分类。但是根据其操作流程,会将目前没有的高校类型也纳入到分类体系中去,虽然为高校未来的发展提供了拓展空间,但是造成了事前分类与事后分类的混淆,容易造成人们质疑分类体系的合理性和可行性。

---

① 陈厚丰. 中国高等学校分类与定位问题研究[M]. 长沙:湖南大学出版社,2004:211.
② 石少婷. 山东高等学校分类研究[D]. 济南:山东师范大学硕士学位论文,2015.

四、多维动态分类

曹赛先从学术性和非学术性两个维度共选取了 6 个分类指标,构建了我国高等学校的多维动态分类框架,①尝试让高等学校的多样性能够得以完整地呈现出来,并且根据不同的分类需要可以选择不同的维度对高等学校类型进行分析(表 2-6)。

表 2-6 高等学校类型的多维动态组合

维度		基本类型			
学术性维度	1.学科覆盖	综合型	多科型		专科型
	2.学位授予	博士学位	硕士学位	学士学位	暂无学位授予权
	3.学校职能	研究型	研究教学型	教学研究型	教学型
非学术性维度	4.办学规模	特大规模	大规模	中等规模	小规模
	5.服务面向	全国性	大区域性		地方性
	6.资源获取	公办	私立(民办)		

资料来源:曹赛先.高等学校分类的理论与实践[D].武汉:华中科技大学博士论文,2004.

五、基于职能履行的分类法

佘元福和陈章龙依据高等学校的人才培养、科学研究和社会服务的三大职能,来构建高校分类的三维立体坐标系。通过计算和比较每一所高校在三个基本职能上的得分及其大小,将高校分为了七种类型,包括教学型、教学研究性型、教学应用型、应用型、研究型、研究应用型和综合型。② 两位学者还建立了基于职能履行的高校分类评价指标体系(表 2-7)。③

---

① 曹赛先.高等学校分类的理论与实践[D].武汉:华中科技大学博士论文,2004.
② 佘远富,陈章龙.基于职能视角的高校分类方法研究[J].现代教育科学,2012(11):19-22.
③ 陈章龙,佘远富.论基于职能发挥的高校分类评价[J].江苏高教,2011(4):10-12.

表 2-7 基于职能履行的高等学校评价指标体系

一级指标	二级指标	三级指标
人才培养(100分)	学科专业(25分)	学科覆盖面(5分)
		重点学科(5分)
		重点实验室(5分)
		博硕士点(5分)
		本专科专业(5分)
	师资队伍(25分)	专任教师(8分)
		教授、副教授(8分)
		两院院士(3分)
		生师比(6分)
	研究生培养(20分)	在校生规模(12分)
		研本比(8分)
	本专科培养(30分)	在校本专科生规模(8分)
		本专比(6分)
		当年平均录取分(8分)
		当年毕业生就业率(8分)
科学研究(100分)	科研项目(30分)	国家级项目(10分)
		省部级项目(10分)
		其他项目(10分)
	科研经费(20分)	科研到账经费(12分)
		人均科研经费(8分)
	科研成果(30分)	出版专著(6分)
		出版教材(6分)
		发表论文(12分)
		授权专利(6分)
	科研获奖(20分)	国家级奖项(7分)
		省部级奖项(7分)
		其他奖项(6分)

续表

一级指标	二级指标	三级指标
社会服务(100分)	继续教育(20分)	在校生规模(10分)
		当年毕业与招生比例(10分)
	科技服务(35分)	横向课题(10分)
		合作基地(10分)
		科技产业(5分)
		科研效益(10分)
	科技推广(30分)	科技培训(15分)
		科技咨询(10分)
		科技宣传(5分)
	文化辐射(15分)	基础设施对外服务(10分)
		参与区域文化建设(5分)

资料来源：陈章龙,佘远富.论基于职能发挥的高校分类评价[J].江苏高教,2011(4):10-12.

六、其他分类方法

我国著名的高等教育学家潘懋元教授在其系列论文中,[①]提出了"培养类型和层次分类法",提出了我国高等学校三种基本类型分类构想,包括综合性研究型大学、多科性/单科性专业型大学/学院以及多科性/单科性职业型/技能型专科院校。

戴井冈等依据高等学校学科/专业设置、学位授予层次、教师特征和科学研究活动特征,提出了普通高校的三种类型,包括具有研究型特点的大学、教学型高校和高等职业技术教育类学校。[②]

---

① 潘懋元,吴玫.高等学校分类与定位问题[J].复旦教育论坛,2003(3):5-9;潘懋元.建立高等职业教育独立体系刍议[J].教育研究,2005(5):26-29;潘懋元.21世纪国家的核心竞争力——"教育—人才"的合理结构[J].中国高教研究,2005(3):1-2.

② 戴井冈,贺绍禹,邱国华.我国普通高等学校布局结构的现状分析[J].教育发展研究,2000(3):20-25.

何晋秋等提出了我国高等学校的四分类方案,包括研究型大学、教学科研型大学、教学型大学/学院、社区学院或两年制大学。①

邹晓平提出,②高等学校分类,可以依据大学的"型"、人才培养的"类"和"规格"来进行。因此,他选择了师资和学生作为高等学校分类的两个维度:按照专任教师占比和博士教师占比,将高校分为三类(科研类、教学类和服务类);按照学位授予层次将高校分为三型(学术型、专业型和职业型)。在此基础上,将每种类型的高校划分为高低不同的三个规格。

通过借鉴美国卡内基高等教育机构分类的方法,刘少雪依据定性指标和定量指标(包括不同学位的学术招生数及所占比例、政府科研经费资助数量和学术论文发表),将我国高等学校划分为5个层次9个级别。③

马陆亭提出,可以按照两个维度来设计我国高校分类体系:④一是按照高校的层次(如研究型和教学型及其组合),二是人才培养的定位(包括学术型和应用型)。

雷家彬提出了我国高校分类的"三步分类框架",⑤包括构建我国高校的类型、进行我国高校现实类型的量化研究和建立我国高校的发展类型三步。并尝试我国高校设置的基准确定未来高校的层次,通过比较理想类型和现实类型发现的问题,从办学定位、职能履行、服务面向、学科覆盖和教育形式等维度构建分类体系。

"高等学校分类体系及其设置标准研究"课题组基于人才培养规律,参考借鉴国内外高校分类研究成果,在广泛访谈利益相关者的基础上,提出了国家高校"三分法"的分类框架,即研究型、应用型、职业技能型的三种基本

---

① 何晋秋,方惠坚,柏杰,等. 对我国高等院校设置合理布局的几点建议[J]. 中国高等教育,2001(19):15-17.
② 邹晓平. 高等学校的定位问题与分类框架[J]. 高教探索,2004(3):8-12.
③ 刘少雪,刘念才. 我国普通高校的分类标准与分类管理[J]. 高等教育研究,2005(7):40-44.
④ 马陆亭. 我国高等学校分类的结构设计[J]. 北京大学教育评论,2005,3(2):101-107.
⑤ 雷家彬. 高等学校分类方法导论[M]. 北京:中国社会科学出版社,2016:107-114.

类型。①

依据高校的学术水平、软件与硬件水平,周长春将高等学校分为研究型大学、教学研究型大学、博士级教学型大学、硕士级教学型大学、本科大学、本科学院、高职高专和高等培训学校等八个层次。②

杜瑛通过统计分析筛选出17个反映我国普通高校核心特征的指标,进而确立了分类维度和分类标准,并据此将1517所普通高校分为四大类(博士研究型、硕士型、学士型本科院校和高职高专)及具体的小类。③

第三节 有关高等学校分类的理论研究

在高等分类理论研究方面,陈厚丰运用相关理论对高等学校分类问题进行了分析:基于教育的内外部关系规律分析了我国高校分类发展中存在的问题及其成因;以马丁·特罗的高等教育分层理论来阐述高等教育职能分化和高校分工的必要性,论证了研究高校分类管理的紧迫性;运用高等学校社会职能理论作为构建我国高等学校分类法并进行分类与定位的主要理论依据之一。④

曹赛先通过区分高校分类、高等教育分类、高校设置、高等教育评价和高校排名,揭示了高校分类的内涵;从高等教育的基本职能、知识分化理论和社会需求等视角探析了高校分类的相关理论问题;基于高校类型的发展性、相对性和综合性,指出高校分类也是相对的、动态的和发展的。⑤

林莉认为,高等教育的协调发展是政府、市场及学术三种力量平衡的结果,一个好的高等教育机构分类体系,既要体现高等教育的本质属性,还要有

---

① 史秋衡,康敏. 探索我国高等学校分类体系设计[J]. 中国高等教育,2017(2):40-44.
② 周长春. 高校分类分层标准的探索[M]. 北京:研究出版社,2003.
③ 杜瑛. 我国普通高等学校分类研究[D]. 上海:华东师范大学硕士学位论文,2004.
④ 陈厚丰. 中国高等学校分类与定位问题研究[M]. 长沙:湖南大学出版社,2004.
⑤ 曹赛先. 高等学校分类的理论与实践[D]. 武汉:华中科技大学博士论文,2004.

利于高等教育系统的协调发展。①

马陆亭认为,高校分类发展的理论基础包括劳动力市场分割理论和学校能级理论。劳动力市场由多个相互分割的子劳动力市场所构成,对于高校分类发展、培养适应各子劳动力市场需求的专门人才,具有一定的指导意义。②

张辉提出,系统管理是高等分类发展的理论基础。③ 高等学校分类发展,遵循的是整体结构管理理论,旨在保持高等教育系统外在的整体性、内在的层次性、目标的一致性、环境的适应性。高等学校分类发展实质是要求高校科学分析学校外部环境和自身发展状态,以系统的观点,对自身进行科学定位。科学定位是高等教育系统及高校发挥最佳效能的成功之道。

潘懋元和陈厚丰提出,高等教育分类通过划分不同的类型或层次,能够让我们更好地研究和认识高等教育系统以及各子系统或构成要素的相互关系,从而引导高等教育实现良性发展。在分类中,要将高等教育系统视为一个统一、开放的系统。④

雷家彬在分析国外研究文献的基础上,提出了国外高校分类所遵循的分类学和类型学两种范式。前者多采用实证研究方法来描述高等教育发展在有限维度上的特征,后者则注重多维度地描述高等教育系统内部的结构关系。⑤

朱铁壁和张红霞借鉴国际高等教育分类理论与实践,以知识生产模式转型理论和大学生学习风格类型理论为基础,提出了兼顾实然与应然、普通教育与职业教育的高校分类"四象限"模型。⑥ 该模型以一所高校在传统文理或工

---

① 林莉. 从学术到市场:高等教育机构分类的价值取向[J]. 清华大学教育研究,2004(6):6-11,15.
② 马陆亭. 我国高等学校分类的结构设计[J]. 北京大学教育评论,2005,3(2):101-107.
③ 张辉. 高等学校分类发展的管理学阐释[J]. 高教探索,2005(1):40-42.
④ 潘懋元,陈厚丰. 高等教育分类的方法论问题[J]. 高等教育研究,2006(3):8-13.
⑤ 雷家彬. 分类学与类型学:国外高校分类研究的两种范式[J]. 清华大学教育研究,2011,32(2):110-118.
⑥ 朱铁壁,张红霞. 高校分类新思考:知识生产与学生学习双重视角[J]. 高等教育研究,2015(11):24-30.

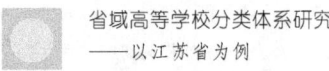

程技术学科上的侧重点为维度一(分为理论型和应用型),在基础研究或传播应用上的侧重点为维度二(分为研究型和教学型),通过两个维度上分类的组合将高校划分为四种类型。

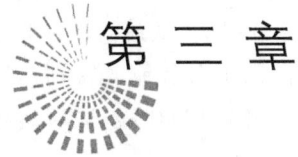

第三章

国内外省域高等学校分类体系比较

第一节 国外区域高等学校分类管理的实践

在联邦制国家的美国和德国,州政府对高等教育机构具有很强的影响力。州政府的立法、财政拨款和办学绩效评估等活动,对于高等教育机构的分类发展具有直接的影响。本节将对美国、德国的州政府以及区域性认证机构在推进区域高等教育机构分类发展的实践进行梳理。

一、美国州政府的高校分类管理

(一)州政府在高校分层分类中的作用

按照美国宪法的相关规定,高等教育管理权属于州政府而非联邦政府。由于各个州经济社会及制度环境的不同,使得州政府对高等教育的管理具有很强的地区性和多样性的特点。在此背景下,各类高等教育机构拥有很强的办学自主性,而私立高校更是很少受到政府的干预。因此,州政府在美国的高等教育治理和协调中起着核心的作用。①

作为高等教育的立法者、赞助人和保护者,美国的州政府总是要在适当的或关键性的时候,以法律认可的形式来对高等教育施加影响。从 20 世纪六七

---

① 杨文明. 美国州级高等教育治理组织:定位、职能与分类[J]. 外国教育研究,2013(11):107-115.

十年代以来,美国州政府对于公立高校的干预范围逐渐扩大,从最初高校的办学绩效评估审核逐渐扩展到包括高校财务在内的内部事务控制。特别是以20世纪60年代发布的《加利福尼亚州高等教育总体规划》为代表,区域高等教育发展规划成为州政府对高校进行宏观管理的重要方式。①

加州高等教育规划所产生的巨大影响,使其成为美国其他州进行高等教育治理的典范。美国许多州政府后来制定了本州高等教育规划,并逐渐成为州政府宏观高等教育的重要方式,纽约州立大学系统便是一个代表。当然,由于纽约州和加州的经济社会以及制度环境的差异,两个州选择的高等教育发展路径也就大不相同。②

(二)通过分类评估提升高等教育质量

作为公立院校经费的主要提供者,州政府高度关注公立院校的办学质量,进而成为维护美国高等教育系统稳定发展的中坚力量。在高等教育大众化的进程中,高等教育质量保障问题日益受到社会各界的关注,美国各级政府也逐步建立了高等教育的外部质量保障机制。其中,基于公立高校办学绩效的分类评估结果来调整州政府的经费拨款额度,在实践中被证明是提升公立高校提高办学质量的积极性,以及巩固和推进高等教育发展多样性的一种有效手段。

作为公立高校分类评估制度最为完善的州之一,田纳西州以高校分类作为高校办学绩效分类评估的前提。③ 从管理者的角度,可将田纳西州公立高校分为两个系统:一是田纳西州大学系统,由田纳西州大学董事会来管理;二是州立大学、社区学院和技术中心系统,由田纳西州理事会来管理。但是田纳西州并不是以这两个系统的划分来进行办学绩效的分类评估,而是依据高校承担的不同使命,将公立高校大致划分为大学和社区学院两类(不包括田纳西州理事会管理的技术中心)。在此分类中,该州主要通过两种方式实现和强化

---

① 史秋衡,冯典. 美国政府在高校分层分类中的作用及启示[J]. 科学学与科学技术管理,2005(9):91-97.

② 冯典,许淑宁. 分层设计是区域高等教育质量保障的必由之路——美国两个州立高等教育系统发展的不同路径比较研究[J]. 国家教育行政学院学报,2008,131(11):86-91.

③ 孙丽昕. 美国公立高校分类评估指标体系:特点与启示——基于田纳西州的实践[J]. 中国高等教育评估,2013,25(4):69-74.

公立大学的"分类"特色：

一是通过区分不同类型高校二级评估指标观测点的设置，或是评测工具不同，或是参评项目不同，来区分大学与社区学院所肩负的不同使命。在田纳西州的分类评估中，一级指标主要包括学生学习和参与质量（75%）和少数群体学生入学质量与成功机会（25%），对大学和社区学院的评估中，一级指标的权重都是相同的。但是在学生学习和参与质量下设的二级指标，在对大学和社区学院评估的时候是有所不同的，社区学院比大学多了一个"就业率"的二级指标，而大学在"院校审核、认证和评估"的二级指标上的权重也对应地高于社区学院（表3-1）。

二是通过限制比对或对标的高校，来强化大学与社区学院之间的差异。按照田纳西州《绩效拨款机制下的质量保障（2010—2015）》的要求，州内的各高校都要从卡内基高等教育机构的分类中，确定自己所属的类型并于其中选择进行比对的高校。

表3-1　田纳西州公立高校分类评估指标体系构成表

一级指标	二级指标	大学	社区学院
学生学习和参与质量	通识教育测评	15%	15%
	专业领域测试	15%	15%
	院校审核、认证与评估	25%	15%
	满意度调查	10%	10%
	就业率	—	10%
	学生学习评价实施情况	10%	10%
少数群体学生入学质量与成功机会		25%	25%

资料来源：孙丽昕.美国公立高校分类评估指标体系：特点与启示——基于田纳西州的实践[J].中国高等教育评估，2013，25(4)：69-74.

二、美国加州高等教育发展规划

《美国加利福尼亚州高等教育总体规划》（后称《加州总体规划》）是由克拉克·克尔于1958年主持起草的，并于1959年获得加州参众两院议会通过，于

1960年正式开始实施。作为规定性高校分类的典型代表,《加州总体规划》对州内各种类型高等学校的特征给予规定,并要求各类高校按照所规定的方向进行发展。

《加州总体规划》出台的背景是,随着20世纪50年代末美国高等教育的快速发展,大学入选学生数在1958—1968年期间增长了一倍多,高等教育毛入学率提高到了30.4%。在此宏观背景下,加州的高等教育也得到了高速发展,精英化的高等教育逐渐向大众化的高等教育过渡,当时的公立高等教育规模远远无法满足社会对高等教育的强烈需要。① 同时,原有的高等教育系统平衡被打破,由于人口增长和招生压力增大,加州所有的高等教育机构都面临着扩张规模的需求,而规模的扩大造成了高校职能和发展定位的模糊化,盲目升格、升等的诉求充斥其中。由此,社区初级学院、州立学院和加州大学之间竞争日趋激烈,在《加州总体规划》出台前,"几乎没有学校愿意安于自身的角色和地位"。②

《加州总体规划》从高等教育系统的基本功能、内部结构、未来的发展规模以及质量分层等方面,论述了加利福尼亚州各种类型的高等教育机构之间如何实现均衡发展的问题。在此基础上,《加州总体规划》明确了加州大学、州立学院和初级学院这三类加州高等教育的主体未来的发展定位,并就他们的管理和协调问题进行了分析。由此,《加州总体规划》最终确立了加州公立高等教育系统的三级模式:③

一是加州大学(University of California),作为研究型大学,主要负责博士教育和科学研究,招收学习成绩前12.5%的高中毕业生;

二是州立学院,后更名为加州州立大学(California State University),作为研究教学型大学,主要提供四年制本科生教育、职业教育和研究生课程,可以和加州大学联合授予博士学位,招收学习成绩前33.3%的高中毕业生;

三是初级学院,后更名为社区学院(California Community Colleges),面

---

① 周光礼,董伟伟.一个区域公共政策的诞生——美国加利福尼亚州高等教育总体规划的形成[J].高等教育评论,2013,1:8-29.
② 赵婷婷,汪乐乐.高等学校为什么分类以及怎样分类[J].北京大学教育评论,2008,6(4):166-178.
③ 李洪华,宋旭红.《加州高等教育总体规划》对我国高教改革的启示[J].衡水学院学报,2013,15(3):115-119.

向加州所有高中毕业生开放,提供两年转学教育、职业教育等。

这三级高等教育结构的职能定位不同,办学层次和要求各异,以便最大限度地适应高等教育大众化过程中的多样化社会需求。

这部规划构建了在公立大学与私立大学、研究型大学与社区初级学院、"巨型大学"与"袖珍学院"和谐共存、错位发展的制度框架,成功地解决了当时加州高等教育发展中存在的不同主体之间无序竞争等一系列严峻的问题,并构建了美国最大且最具特色的(州)公立高等学校体系①。

总体而言,《加州总体规划》的特点和贡献在于:②一是明确规定了加州各类公立高校的职能定位,解决了加州高等教育系统内部各类机构无序竞争的问题,有利于加州高等教育的良性发展;二是尊重高校的自主办学权,建立了各类高校之间的协调沟通机制,有利于加州公立高校形成有序竞争的秩序;三是通过科学规划和宏观调整,避免了"市场失灵"所带来的盲目升格和无序竞争,促进高等教育系统与社会系统的协调统一,有利于优化利用有限的高等教育资源;四是确立了加州大学研究型大学的地位以及社区初级学员的高等教育地位,并推进了各类高校的发展进程。③

当然,加州高等教育总体规划不可避免地也存在着一定的缺陷。例如,各类高校之间的层级壁垒太强,以及在资源配置尤其是生源上的不公平。甚至有人认为,《加州总体规划》是一个阴谋和政治交易,是一个极不公平的和平条约,其制定的目的就是为了巩固加州大学的垄断地位。④ 同时,不同类型高校之间的合作性有限且缺乏公共目标。拿转学机制来说,很多社区学院往往把主要精力首先放在了招生问题上,而没有特别注重转学课程的教学,所以加州

---

① 周光礼,董伟伟.一个区域公共政策的诞生——美国加利福尼亚州高等教育总体规划的形成[J].高等教育评论,2013,1:8-29.

② 黄艳霞.美国加州高等教育总规划的过去与未来——约翰·阿布雷·道格拉斯博士访谈录[J].大学教育科学,2009(5):92-96.

③ 冯典,许淑宁.分层设计是区域高等教育质量保障的必由之路——美国两个州立高等教育系统发展的不同路径比较研究[J].国家教育行政学院学报,2008,131(11):86-91.

④ 约翰·奥伯利·道格拉斯.加利福尼亚思想与美国高等教育[M].周作宇,译.北京:教育科学出版社,2008:295-296.

的学士学位授予率全美最低。①

三、美国地区性院校认证机构

美国高校教育质量的保障主要通过认证来实现,一个庞大的认证组织系统的存在,既是美国高等教育的一大特色,也是保障美国高等教育质量的基础。高等教育认证是指对于符合一定办学标准的高等院校,由具有特定法定资质的机构评价和认证其教育教学能力与质量的过程。1992年《高等教育法》最显著的变化便是把认证机构对高等学院校的认证标准首次写入法律,明确认证机构所需十个领域的认证标准。② 认证机构对于高等教育院校的认证可以视作由独立的第三方所进行的基准评价,即合格评估。院校认证将从整体上考察高等教育机构的办学条件和办学效果是否达到认证标准,而这将有利于不同类型的高等教育机构根据办学实际明确其办学定位和办学特色。

美国目前有8所地区性认证机构(表3-2),他们是美国高等教育认证组织的主体,由各州、地区院校协会委员会组成,负责对全国所有具有学位授予权的公立和私立高等院校实施院校认证。

表3-2 美国8家地区性认证机构

序号	地区性认证机构	学区
1	中部各州高等教育委员会 (Middle States Association of Colleges and Schools)	中部
2	新英格兰院校协会——高等教育机构委员会 (New England Association of Schools and Colleges Commission on Institutions of Higher Education)	新英格兰
3	新英格兰院校协会——科技职业院校委员会 (New England Association of Schools and Colleges Commission on Technical and Career Institutions)	

---

① 威廉·H.匹更斯.加利福尼亚的经验:分层方式[A].杰拉德·盖泽尔.美国多校园大学系统:实践与前景[M].北京:教育科学出版社,2004:165.
② 研究生教育评估制度研究及体系构建课题组.国外研究生教育评估制度研究[M].上海:华东师范大学出版社,2015:46.

续表

序号	地区性认证机构	学区
4	中北部院校协会——高等教育机构委员会 (North Central Association of Colleges and Schools The Higher Learning Commission)	中北部
5	西北高等教育委员会 (Northwest Association of Schools and Colleges)	西北
6	南部院校协会——学院委员会 (Southern Association of Colleges and Schools Commission on Colleges)	南部
7	西部院校协会——社区、大专院校认证委员会 (Western Association of Schools and Colleges Accrediting Commission for Community and Junior Colleges)	西部
8	西部院校协会——高等院校委员会 (Western Association of Schools and Colleges Senior College and University Commission)	

资料来源:研究生教育评估制度研究及体系构建课题组.国外研究生教育评估制度研究[M].上海:华东师范大学出版社,2015:47.

这些认证机构分布在新英格兰、中部、中北部、南部、西部、西北部等6个地区内,负责相关各州3000多所高校的认证工作,被认为是最具权威的认证机构。由于通过认证是获得包括学术资助或其他资助项目在内的政府资助的必备条件,而政府资助是高校经费的重要来源,所以院校认证对区域高校具有很重要的影响。[①]

---

① 研究生教育评估制度研究及体系构建课题组. 国外研究生教育评估制度研究[M].上海:华东师范大学出版社,2015:49.

四、德国的州层次的高校分类管理

作为一个联邦制的国家,德国各州自主负责各自的高等教育事业,各州的相关法律政策确定了对不同类型高等学校的办学定位。[①]

例如,巴伐利亚州的《高等学校法》(2006年)第2条规定了高等学校肩负的使命或职能,即通过科研、教学、学业、继续教育等高等教育活动来"维护和发展科学与艺术"。高等学校为学生从事哪些必须要应用科学知识和方法或具备艺术塑造能力的职业活动做准备。不同的高等学校通过承担不同任务来促进这一目标的实现。综合性大学的首要任务在于科研和教学,同时通过将两者结合起来提供一种学术性的教育。艺术类高校的首要任务在于维护艺术、发展艺术能力以及传授艺术性知识和技能。应用科学大学以应用导向的教学活动,来培养学生掌握在实践中独立地应用科学技术和从事艺术创作的能力,并在这一框架之下从事应用性的研发工作。

职业学院和双元制高校军事由巴腾—符腾堡州创立,该州的《高等教育法》第76条对职业学院的定位是"同时提供科学性和实践性的职业教育和继续教育"。在职业学院改为双元制高校之后,该州新的《高等教育法》(2009年)第2条对双元制高校的定位是"通过将学院的理论教学和合作培训单位的实践培训结合起来(双元制),向学生传授在职业实践中独立应用科学知识和方法的能力。根据双元制培训的需要,双元制高校与合作培训单位一起从事与此相关科研"。

此外,各州在对不同类型高等教育机构作出分类和定位的同时,也明确要求高校之间进行合作。例如巴腾—符腾堡州《高等教育法》(2009年)第6条规定:"为了更好地完成其任务,不同的高校之间应该互相合作,包括与其他联邦州和其他国家的高校、国立师范学院、国立或国家资助的教学和科研机构以及科研资助机构进行合作。"

---

① 孙进.德国高等教育机构的分类与办学定位[J].中国高教研究,2013(1):61-67.

第二节　国内省域政府高等学校分类的实践探索

自《国家中长期教育改革发展规划纲要(2010—2020年)》发布以来,为了形成科学合理的高等学校分类指导和分类管理办法,包括国家教育体制改革试点单位在内的多个省(直辖市)都开展了构建省域高校分类体系的实践探索。

一、上海市

上海市的探索,首先从高等学校分类绩效评估开始。2010年1月,上海市教卫党委、市教委成立"上海高校分类绩效评估"课题组。课题组在高校分类绩效评价的指标体系设计理念、系统框架和实施操作等方面进行了积极探索并取得了重要进展,后来课题被教育部提升为国家教育体制改革试点项目。① 课题组按照办学层次将高等学校分为"985工程"高校、"211工程"高校、老本科高校、新建本科高校和高职高专院校。

2015年12月28日,上海市印发的《上海高等教育布局结构与发展规划(2015—2030年)》提出,②要按照"分类引导,卓越发展"的原则,依据人才培养和学科专业集聚度来构建上海高等学校的分类体系,通过分类评估和政策引导,推进上海市良好的高等教育发展生态的形成。作为重要的战略举措,上海市高等教育分类体系主要依据两个维度来构建:一是依据高等学校在履行人才培养和科学研究两个基本职能上的差异性,将其分为四种类型,即学术研究型、应用研究型、应用技术型和应用技能型。二是在本科院校中按照学科门类、在专科院校中按照专业大类的建设情况,将高校分为三

---

① 王奇.上海高校分类绩效评估工作情况说明[R].上海高校党政负责干部会议资料,2011-8-26.

② 上海市教育委员会,上海市发展和改革委员会,上海市人力资源和社会保障局,上海市财政局,上海市规划和国土资源管理局. 关于印发《上海高等教育布局结构与发展规划(2015—2030年)》的通知[EB/OL]. [2019-08-21]. http://www.shanghai.gov.cn/nw2/nw2314/nw2319/nw12344/u26aw45 954.html.

个类别,即综合性(至少覆盖 7 个学科门类或专业大类)、多科性(覆盖 3～6 个学科门类或专业大类)和特色性(覆盖 1～2 个学科门类或专业大类)。

二、江苏省

2011 年 6 月 17 日,"建立健全科学的高等学校分类评价体系"试点项目推进会顺利召开,江苏省教育厅要求相关领域专家参会并讨论"高等学校分类体系"研究中期成果,分类方案获得认可。① 江苏省作为我国高等教育综合改革试验区,于 2010 年承担了"建立健全科学的高等学校分类评价体系"试点项目,旨在 3 年左右,建立起科学的和合理的高等学校分类(评价)体系,推动江苏高校科学定位、错位发展,实现高等教育系统的整体优化。

2012 年,作为推进"建立健全科学的高等学校分类评价体系"课题研究的第二阶段,江苏省教育厅邀请了多所学校参加对四类本科院校(研究型、教学研究型、教学型和省属本科)和四类高职院校(示范性高职、一般高职、特色类高职以及民办高职)评价指标体系的研究。

2014 年 5 月 16 日,江苏省出台的《省政府关于深化教育领域综合改革的实施意见》明确提出,②要"注重分类评价,按照学校办学定位、发展规划等建立分类体系,鼓励特色发展、错位竞争"。

2016 年 6 月 15 日,江苏省人民政府印发的《江苏高水平大学建设方案》指出,③坚持分类指导、重点突破的原则,对进入国家层面的"双一流"建设行列的部属高校和省属高校,分别按相关要求给予配套支持和重点支持。

三、浙江省

2015 年 5 月 20 日,浙江省印发《关于推动我省高等教育新一轮提升发展

---

① 潘玉娇. 我省 3 年内建立科学的高等学校分类评价体系[N]. 江苏教育报,2011-6-20(1).

② 江苏省人民政府. 江苏省政府关于深化教育领域综合改革的实施意见[EB/OL].[2019-08-21]. http://www.jiangsu.gov.cn/art/2014/5/16/art_46680_2584241.html.

③ 江苏省人民政府. 江苏省政府关于印发江苏高水平大学建设方案的通知[EB/OL].[2019-08-21]. http://www.jiangsu.gov.cn/art/2016/7/14/art_46579_2555977.html.

的若干意见》中指出,①要明确不同类型高校的发展定位,引导各类高校积极优化内部资源配置结构、学科专业布局、人才队伍结构、内部治理结构,在不同层次、不同领域形成一批具有鲜明特色、办学水平居全国同类前列的高校。

2016年8月8日,浙江省教育厅印发《浙江省普通本科高校分类评价管理改革办法(试行)》。② 该办法的基本思路是:

一是定位分类。依据人才培养、科学研究、师资队伍和学科建设等分类维度,将本科高校分为研究为主型、教学研究型、教学为主型(表3-3);根据学科专业建设情况,将本科学校分为多科性和综合性(表3-4)。在此基础上,组合形成浙江高校的六种类型。

二是自愿申报。高校按照分类标准的指引,结合自身实际,认真研究,统筹考虑,申报学校类型;学校类型一旦确定,原则上3年内不作调整。

三是分类评价。按照研究为主型、教学研究型、教学为主型三类评价指标体系,对各种类型高校相关指标经一定程序进行评价赋分,并汇总形成各个学校的总分。

表3-3 浙江省普通本科高校分类维度Ⅰ

指标	研究为主型	教学研究型	教学为主型
学科建设	以本科生、硕士、博士研究生培养为主的高校	以本科生、硕士研究生培养为主的高校	以本科生培养为主的高校
科学研究			
师资队伍			
人才培养			

资料来源:《浙江省普通本科高校分类评价管理改革办法(试行)》。

---

① 浙江省人民政府.浙江省人民政府关于推动我省高等教育新一轮提升发展的若干意见[EB/OL].[2019-08-21]. http://www.zjedu.gov.cn/news/143444604158058639.html.

② 浙江省教育厅.浙江省教育厅关于印发《浙江省普通本科高校分类评价管理改革办法(试行)》的通知[EB/OL].[2019-08-21]. http://www.zjedu.gov.cn/news/147202989768386296.html.

表 3-4　浙江省普通本科高校分类维度Ⅱ

指标	多科性	综合性
专业数量	＜50 个	≥50 个
前五个主干专业学生占全体学生数比	＞20%	≤20%
专业类数量	≤30 个	＞30 个
学科门类	＜9 类	≥9 类

资料来源:《浙江省普通本科高校分类评价管理改革办法(试行)》。

四是绩效拨款。每种类型中的高校,按分数高低排序,分出 2～3 个等级,并与财政绩效拨款挂钩。其中教学类型高校可按公办、民办(含独立学院)再作区分。

五是争创先进。鼓励高校在省内外同类型院校中争先创优,认真开展与全国同类型院校的比较分析,推动高校找差距、明目标、创一流。

四、山东省

2011 年 2 月 23 日,山东省教育厅等六部门共同印发的《山东省高等教育内涵提升计划(2011—2015 年)》(鲁教高字〔2011〕1 号)提出,[①]要面向区域经济发展和社会进步,适应区域劳动力市场需求的变化,注重强化应用型人才的培养,在继续支持"985 工程""211 工程"院校建设的同时,按照应用基础型、应用型和技能型的人才培养定位,对山东省地方高等学校进行分类管理。其中,应用基础型高校主要培养高素质应用型人才,在培养过程中要突出其理论基础、实践能力和创新能力;应用型高校主要培养高素质应用型人才,在培养过程中要突出其实践能力和创新意识,同时兼顾其理论基础;技能型高校主要培养高端技能型人才,在人才培养中要强化面向生产、建设、管理、服务的一线需要。

---

① 山东省教育厅,发展和改革委员会,经济和信息化委员会,财政厅,人力资源与社会保障厅.关于印发《山东省高等教育内涵提升计划(2011—2015 年)》的通知[EB/OL].[2019-08-21]. https://wenku.baidu.com/view/8116d34dfe4733687e21aa0e.html.

2011年12月7日,山东省颁布了《关于山东省高等教育名校建设工程实施意见》,①正式实施高等教育名校建设工程。该工程将依据学科专业、教学水平、科学研究和办学条件等筛选标准,从山东省地方高校中遴选出3～5所高校来建设应用基础型高校、10～15所高校来建设应用型高校和20所高校来建设高素质技能型高校。

2012年11月5日,山东省发布《关于公布山东省名校工程首批立项建设单位的通知》,②确定了入选高等教育名校建设工程的名单。其中,确定山东科技大学等5所学校作为应用基础型名校建设单位,确定济南大学等10所高校作为应用型名校建设单位,确定山东劳动职业技术学院等13所高校作为技能型名校建设单位。2013年,山东省进行了第二批人才培养特色名校遴选。2014年,山东省有批准立项了四所建设高校。

五、陕西省

2012年12月14日,陕西省教育厅印发《陕西省普通高等学校统筹管理与分类指导实施办法》(陕教高〔2012〕46号),③确定了分类分层发展区域高等教育的基本措施。具体包括:以国家"985工程"和"211工程"高等学校为基础,建设国际知名、国内一流的国家高水平大学;以进入国家"中西部高校振兴计划"和特色鲜明的省属高校为基础,建设在国内有广泛影响的省属高水平大学;以其他公办本科院校为基础,建设特色明显、水平提高的应用型本科院校;以及引导示范高职院校的发展,推进民办高校的多元化发展。

---

① 山东省教育厅,山东省财政厅.关于山东省高等教育名校建设工程实施意见[EB/OL].[2019-08-21].http://www.sdust.edu.cn/content_6235D38CF3DEC0D844000832C6ACD425.htm.

② 山东省教育厅,山东省财政厅.关于公布山东省名校工程首批立项建设单位的通知[EB/OL].[2019-08-21].http://www.sdivc.net.cn/mingxiao/article/showarticle.asp?articleid=330.

③ 陕西省教育厅.关于印发《陕西省普通高等学校统筹管理与分类指导实施办法》的通知[EB/OL].[2019-08-21].http://www.snedu.gov.cn/news/jiaoyutingwenjian/201212/17/5875.html.

六、黑龙江省

2011年6月17日,黑龙江省人民政府办公厅颁发《关于加强全省高等学校分类管理和分类指导的意见》,①提出通过不同的措施来推进各类高校的发展:实施支持"985工程"院校建设的"1161工程",使其成为世界一流大学;支持"211工程"院校建设成为具有国内一流水平的高水平大学;重点建设10所省属本科院校、6所特色应用型本科院校,使之建成国内有广泛影响的高水平大学;引导和支持其他普通本科院校强化办学特色,提高办学水平,为地方经济社会发展培养各类急需人才;重视和加强高职院校建设,重点建设10所示范性高等职业院,发挥其示范引领作用,为区域经济社会发展培养高技能紧缺人才;推进省部、省市共建若干所特色鲜明、优势突出的地方高校或学科专业;实施高校对口支援计划,促进各级各类高等学校之间的协调发展。

七、吉林省

2017年9月19日,吉林省人民政府办公厅转发省教育厅等部门《关于加强普通高等学校分类管理和分类指导意见的通知》(吉政办发〔2017〕69号),②确定了办好研究型、应用研究型、应用型和职业技能型四类高校,以及通过分类管理和分类引导建立起类别清晰、结构合理、适应振兴发展需要的现代高等教育体系的总体目标。

八、辽宁省

2017年1月3日,辽宁省政府印发的《辽宁省统筹推进世界一流大学和

---

① 黑龙江省人民政府办公厅. 关于加强全省高等学校分类管理和分类指导的意见[EB/OL]. [2019-08-21]. https://wenku.baidu.com/view/30a2bdd226fff705cc170a86.html.

② 吉林省人民政府办公厅. 转发省教育厅等部门关于加强普通高等学校分类管理和分类指导意见的通知[EB/OL]. [2019-08-21]. http://xxgk.jl.gov.cn/szf/gkml/201710/t20171010_2845125.html.

一流学科建设实施方案》,①提出了立足辽宁高等教育发展布局和现有学科基础,构建区域高等学校分类体系的基本思路。一是依据人才培养职能和办学层次,将高等学校分为研究型、研究应用型和应用型三型;二是依据学科布局和对接产业需求,将高等学校分为农林医药业类、工业类、现代服务业类和社会事业类四类。在此基础上,注重引导和支持高等学校的分类发展,创新和优化内部结构,提升发展优势,最终实现总体办学质量的提升。

九、其他省市

此外,天津市、广东省、河北省、甘肃省和云南省等省市陆续出台有关分类管理的政策:

2014年12月31日,天津市教育委员会办公室发布了《天津市教委关于加强高等学校分类管理、分类指导、分类评价的指导意见》,②提出要根据高校的办学类型、学科专业发展水平和人才培养目标来构建高校分类体系,实行分类管理和分类评价,引导各类高校办出特色、争创一流。

2016年6月30日,广东省人民政府办公厅公布的《广东省高水平大学重点建设高校和重点学科建设项目名单的通知》指出,③根据《中共广东省委广东省人民政府关于建设高水平大学的意见》(粤发〔2015〕3号)精神,确定了7所高水平大学重点建设高校和18个重点学科建设项目。

2016年5月23日,河北省人民政府印发《关于统筹推进一流大学和一流学科建设的意见》,④确定了河北大学等4所重点支持的国家一流大学建设一层次高校,河北农业大学等8所国家一流大学建设二层次高校。

---

① 辽宁省人民政府.辽宁省统筹推进世界一流大学和一流学科建设实施方案[EB/OL].http://xkb.dlut.edu.cn/info/1020/1918.htm.

② 天津市教委.关于加强高等学校分类管理、分类指导、分类评价的指导意见[A]//孙惠玲.天津教育年鉴.天津:天津教育出版社,2015:74-75.

③ 广东省人民政府办公厅.关于公布广东省高水平大学重点建设高校和重点学科建设项目名单的通知[EB/OL].[2019-08-21].http://www.gdhed.edu.cn/publicfiles/business/htmlfiles/gdjyt/gfxwj/2016 04/497720.html.

④ 河北省人民政府.关于统筹推进一流大学和一流学科建设的意见[EB/OL].[2019-08-21].http://xkxw.hebau.edu.cn/html/sjwj_576_465.html.

2016年7月28日,甘肃省人民政府印发《统筹推进高水平大学和一流学科建设实施方案》,[①]提出通过统筹规划区域现有高等教育资源,引导各类高等学校科学发展、办出特色,并确定了建设世界一流大学、国内同类院校高水平大学和国内一流高职院校的名单。

2016年9月27日,云南省人民政府办公厅颁发《关于加强全省高等学校分类发展和分类管理的指导意见》(云政办发〔2016〕97号),[②]提出分类引导博士学位授予权高校、骨干特色高校、应用型本科高校和技术技能型高职院校实现科学定位。

第三节 国内省域高等学校分类的理论研究

部分国内学者在研究我国高等学校分类体系中,也基于特定省域进行了实证分析和试分类。本节将对这些实践探索和理论研究成果进行梳理和分析。

一、北京市

宋中英和雷庆将高等学校分为研究型大学(分Ⅰ型和Ⅱ型)、博士型大学(分Ⅰ型和Ⅱ型)、硕士型大学(分Ⅰ型和Ⅱ型)、学士型大学/学院、专科(高职)院校和专门学院等六大类。

---

① 甘肃省人民政府. 甘肃省人民政府关于印发统筹推进高水平大学和一流学科建设实施方案的通知[EB/OL]. [2019-08-21]. http://www.gansu.gov.cn/art/2016/8/1/art_4785_281819.html.

② 云南省人民政府办公厅. 关于加强全省高等学校分类发展和分类管理的指导意见[EB/OL]. [2019-08-21]. http://www.yn.gov.cn/yn_zwlanmu/qy/wj/yzbf/201609/t20160926_27016.html.

在此基础上,对北京市高等学校的分类进行了实证分析,①其分类依据主要包括三个:

一是高等学校分类标准,选取高等教育的职能为基本依据,主要包括三个方面:人才培养方面,主要是人才培养的数量和质量。科学研究方面,包括科研课题、科研团队和科研平台三个指标。社会服务方面,因收集数据的困难而未采用。

二是高等学校分类基本类型名称,直接以授予学位的层次来命名高等学校,将北京普通高校的基本类型可分为六大类。

三是分类指标体系的建立,以高校行为特征的具体数据为依据。最终采用的分类指标是博士学位授予数、硕士学位授予数、本科生招生数、国家基金课题数、国家重点学科数、硕士招生学科覆盖面、学校规模。其中,博士学位授予数和硕士学位授予数最终分别用博士研究生的招生数和硕士研究生的招生数来替代。

二、江苏省

根据前期研究成果,"江苏高等学校分类体系研究"课题组以高等学校的人才培养、科学研究以及社会服务三个基本职能为分类维度,按其内涵要求遴选相关核心指标,将江苏普通本科院校分为研究型、教学研究型和教学(应用)型三种类型;采用专业特征分类法、"重点"与"一般"二分法、产业面向分类法等,将江苏高职院校分为不同的类型。②

三、湖北省

雷家彬提出了湖北省高校的多位分类体系,进行了实证研究。③ 他首先

---

① 宋中英,雷庆. 高等学校分类标准和类型名称探析[J]. 高教探索,2009(6):41-45;宋中英,雷庆. 我国高等学校分类的实证研究——以北京市普通高校为例[J]. 高教探索,2010(6):14-18.

② 陆岳新,孙俊华,洪港. 基于高校特色发展的江苏高校分类体系研究[J]. 阅江学刊,2015,7(2):81-86.

③ 雷家彬. 高等学校分类方法导论[M]. 北京:中国社会科学出版社,2016:107-114.

基于教育维和知识维提出了高等学校的理性类型,并在此基础上,基于五个维度提出了多维综合分类的现实类型:

维度一是官方政策设置政策和官方统计习惯。具体参考两类分类方法:

一是基于高等学校设置政策的分类法,1986年颁布的《普通高等学校设置暂行条例》和《普通本科学校设置暂行规定》(1986年),1998年颁布的《高等职业学校设置标准暂行》,2006年颁布的《高等教育法》和2008年颁布的《独立学院设置与管理办法》等法律法规,均对我国高等机构的设置标准作出了非常详细的规定。按照学科覆盖面、办学水平、办学条件等多个指标,我国官方设置政策将高等学校事实上分为大学、学院、专科(包括高职)三个层类,其中前两个层次以本科教育为主,独立学院属于本科层次院校。

二是依官方统计习惯的分类法,一般依管理所属和学科专业构成区分高等学校。从管理所属来看,高等学校可分为教育部及其他中央各部委属、地方政府属和民办等三类机构。

维度二是学生情况。学生是高等学校的主体,是教学活动的对象。学生情况可以反映在性别、层次、科类等多个层面。一般主要选择两个维度在校生的规模和非全日制学术所占比例。

维度三是学科专业发展情况。学科/专业是高等教育活动的基本单元和平台。虽然我国研究生、本科和专科的人才培养都有各自的划分方法,但是不难发现,《授予博士、硕士学位和培养研究生的学科专业目录》和《普通高等学校本科专业目录》(1998年颁布)都包括学科门类、一级学科或二级类、二级学科或专业三个层次,《普通高等学校高职高专教育指导性专业目录(试行)》(2014年颁布)也包括大类、类、专业也是三个层级,它们事实上都可依据《普通高等学校本专科专业对应表》(供统计用,2004年发布)进行转化。

维度四是办学条件。具体涉及高校的人、财、物等办学资源,以及办学科研的硬软件设置等。

维度五是社会服务,也就是高校的社会服务面向。作为高等教育的第三大职能,不同高校服务社会的方式多种多样,但都不可避免地要以其人才培养和科学研究实力作为基础。在分类研究中,该维度被操作化为招生面向以及本地省域的占比。

基于湖北省高校相关数据指标的分析结果,将湖北省高等学校学科层次分为专科密集型、本科集中型、本科密集型、研究集中型和研究密集型 5 类(表 3-5),将高等学校学科类型分为综合类和单科类(7 类)等 8 类(表 3-6)。

表 3-5　湖北省本科院校学科层次分类

层次	特征	校数
专科密集型	专科专业数、大类数、门类数最少为 25、14 和 5	5
本科集中型	专科学科较少,本科专业数、大类数、门类数分别达到 6、2、1 以上	51
本科密集型	本科专业数、大类数、门类数分别达到 54、38、10 以上	3
研究集中型	本科学科较多、研究生教育较发达,硕士专业数、大类数、门类数分别达到 87、31、7 以上,博士专业数、大类数、门类数分别达到 16、6 和 4 以上	6
研究密集型	本科学科最多、研究生教育最发达,硕士专业数、大类数、门类数分别达到 269、80、11 以上,博士专业数、大类数、门类数分别达到 187、46 和 9 以上	2

资料来源:雷家彬.高等学校分类方法导论[M].北京:中国社会科学出版社,2016:122。

表 3-6　湖北省本科院校学科类型分类

学科类型	特征	校数
法学类	本类本科招生数 120 以上	5
工科类	本类本科、硕士招生数 731 人、227 人以上	6
教育类	本类本科招生数 39 以上	9
经管类	经济与管理类占绝对优势,尽管分类不均衡,本类本专科均值分别为 434 人、877 人	19

续表

学科类型	特征	校数
农学类	本类本科硕士招生 140 人、1533 人	4
医药类	本类专、本、硕、博分别达到 2033、2923、320、40 人以上	9
艺术类	经济与管理类占绝对优势,尽管分类不均衡,本类本科招生均值 533 人	13
综合类	专科招生数极少,各类各层次招生规模具有绝对优势外,理科类本科招生 674 人以上、哲学类本科招生 33 人以上	2

资料来源:雷家彬.高等学校分类方法导论[M].北京:中国社会科学出版社,2016:122-123.

四、山东省

宋尚桂和宋柏林对山东省高等学校的分类问题进行了研究,①其分类标准包括行政隶属关系、办学主体、人才培养规格、学科结构等。首先按照行政隶属、办学主体和人才培养规格在大类上将高校分为部属大学、本科院校、高职院校、民办高校和社区学院。然后根据高校内部学科结构分布和优势学科比重进一步将一类高校区分为综合类、多科类、师范类等,同时由于民办高校目前数量少,其办学层次多数为高职院校,所以民办高校大类中仅区分本科类和专科类。在确定大类和小类之后,根据高等学校的学科分布将部署院校中的多科类学校氛围专业综合型和专业多科型两型,进而再根据其进入国家"985 工程"或"211 工程"的情况,区分为两种亚型;将本科院校分为应用基础型和应用型两种;将高职院校和高等职业院校根据其学科进一步分为综合型和多科型,并根据其学位授予情况进一步分为本科型和专科型两种亚型(表 3-7 和表 3-8)。

---

① 宋尚桂,宋柏林.高等学校分类管理政策研究[M].济南:山东人民出版社,2015:190-192.

表 3-7 山东省高等学校分类体系

大类	小类	型	亚型(本科或专科)
教育部属院校(A)	综合类(A1)	基础1型(A11)	
		基础2型(A12)	
	多科类(A2)	基础1型(A21)	
		基础2型(A22)	
普通本科院校(B)	综合类(A1)	基础型(B11)	
		基础应用型(B12)	
		应用型(B13)	
	多科类(A2)	基础型(B21)	
		基础应用型(B22)	
		应用型(B23)	
高等职业院校(C)	多科类(C2)	应用型(C23)	本科应用型(C231)
		应用型(C23)	专科应用型(C232)

资料来源:宋尚桂,宋柏林.高等学校分类管理政策研究[M].济南:山东人民出版社,2015:190.

表 3-8 山东省高等学校分类标准

大类	小类	型
凡教育部部属院校均划归为A类	按学校本科专业有效覆盖的学科门类数量划分综合型和多科型两种。本科专业覆盖13个学科大类中的9个及以上者划分为综合类,否则划分为多科类	列入国家"985工程"系列院校者为基础1型,列入国家"211工程"系列院校者为基础2型
普通本科院校均划为B类	学校学科齐全且具有硕士以上学位点的大学划分为综合类;学校学科设置具有理、工、农、林、医学、师范、艺术、体育等学科和行业特色的院校均划分为多科类;没有硕士点的本科院校一律划分为多科类	具有7个以上博士学位授权一级学科点的院校划分为基础型;具有博士点的院校划分为基础应用型;其余本科院校划分为应用型
高等职业院校划为C类	高等职业院校均划分为应用类	高等院校区分本科和专科两种类型

资料来源:宋尚桂,宋柏林.高等学校分类管理政策研究[M].济南:山东人民出版社,2015:191-192.

五、辽宁省

潘黎对辽宁省高等学校的分类标准进行了理论分析和实证研究：[①]首先，以高校社会职能理论为基础，以人才培养、科学研究和社会服务三个维度为一级指标，构建基于职能导向的三级高校主分类指标体系，依据此指标体系把高校分为研究型、研究应用型、教学服务型和高职教学型四种类型。其次，提出高校学科占有度、学科均衡度和学科综合型系数的计量指标与计算方法，从高校所拥有的博士学科、硕士学科和本专科学科三个层次计算高校学科综合性系数，来综合考察高校的学科整体综合性，进而把主分类结果又各自划分为综合性、多科型和专门型。再次，用各个高校博士学科、硕士学科和本专学科三个层次各自12个学科门类（除军事学）下二级学科构建了36个维度的高校学科构成分布雷达图，进而得到细分类结果。最后，选取辽宁省普通高校作为研究对象进行"主分类—再分类—细分类"的实证研究。

崔慧丽基于用户导向对辽宁省58所普通高等学校进行实证分析。在确定了教学概况、科学研究、社会服务、学生规模、高校资产、学科覆盖等六个维度的基础上，基于聚类分析确定了辽宁省普通高校的3大类和若干小类的分类方案。[②]

通过借鉴欧洲U-Map的分类方法，王静构建了辽宁省高校分类的五维（包括教学情况、学生情况、科学研究、社会服务和高校资产）分类指标体系，并基于56所高校数据，通过统计分析确定了各指标的四分位区间，从而获得辽宁省高校分类结果。[③]

[①] 潘黎. 高校分类标准的构建及实证研究[M]. 北京：科学出版社，2017：67-85.
[②] 崔慧丽. 用户导向性下的我国普通高等学校分类问题研究[D]. 辽宁：辽宁师范大学，2016.
[③] 王静. 基于U-Map的中国高校分类问题研究[D]. 辽宁：东北财经大学，2013.

第四章

省域高等学校分类体系的构建

第一节 高等学校分类的理论基础

在高等教育或高等学校分类体系的研究中,高等学校社会职能理论、教育的内外部关系规律、高等教育分层理论、知识分化理论和劳动力市场分割理论等是比较常见的理论基础。

一、高等学校社会职能理论

在高等教育产生、发展和不断适应社会发展需要的过程中,逐渐形成了高等学校所肩负的基本社会职能。真正意义上的高等教育,即中世纪大学的出现,是为了传播知识和培养各种类型的专门人才。19世纪初,W.冯特·洪堡以"教学与研究相统一"的原则创办了柏林大学,将科学研究或发展知识的职能引入了高等学校。1862年,美国颁布《莫雷尔法案》(又称《增地方案》),推动了威斯康星大学的诞生。而1904年"威斯康星思想"的提出,使社会服务成为高等学校的第三大职能。随着社会的进步和发展,高等学校被赋予了越来越多的职责,如文化传承、国际交流等。

就目前公认的高等学校的三大职能而言,人才培养是高等学校的本体职能,而且随着国民经济和社会的进步,对高等学校人才培养的多样化提出来越来越高的要求。作为高端专门人才的聚集地,高等学校承担着科学研究和探索新知识的职能,而科学研究也有利于教学质量的提升和创新型人才的培养。同时,社会服务职能也需要以人才培养和科学研究为基础。高等学校可以通过培养各类专门人才,开展多种多样的技能培训和就业指导,以及将高校的科研成果转化为现实的生产力,来为社会服务。

虽然高等学校肩负着三大基本社会职能,但是这并不意味着每一所高校都需要兼顾人才培养、科学研究和社会服务或者以相同的方式履行三大职能。客观的教育发展规律,加上每所高校的发展历史和资源条件的限制,使得不同高校最终会根据自身所处的内外部发展情境,在三大职能上有所侧重。而这种差异化的选择,使得高等学校进行差异化定位和多元化发展成为可能。因此,基于高等学校在履行三大社会职能的差异来对高等学校进行分类是非常重要而且是可行的。

二、教育的内外部关系规律

作为一种框架性的理论,教育的内外部关系规律指出了在发展教育的过程中,需要遵循的内外部规律,即教育与社会的关系(外部规律)、教育系统内部各子系统的关系(内部规律),以及所需关注的各类影响因素。对于高等教育发展的指导意义在于,一是要"主动适应"社会发展的需要,二是协调高等教育内部子系统,以及实现内外部的协调。[①]

作为社会系统的重要组成部分,高等教育系统的发展必然要与社会系统的各子系统,如政治、经济、文化等相协调。而高校院校分类体系的设计,必然要考虑在特定的历史阶段国民经济和社会发展对于高等教育提出的需求,而这往往是高校分类的目标或指导思想的来源。

同时,高等教育只有依据人的身心特点及发展需要来进行人才培养活动,方能取得更佳的效果。而不同类型的高校,依据人才培养类型及其内在规律开展专门化和特色化的教育活动,将有利于促进个体的健康发展,以及增强人的社会性和个性化发展。

因此,高等学校分类体系的构建,客观上需要考虑在高等学校的发展中如何处理教育的内外部关系从而实现良性发展。

---

① 方泽强.正确认识"教育内外部关系规律"理论[J].大学教育科学,2013,6(6):3-8.

三、高等教育分层理论

基于社会学分层理论,美国著名教育家马丁·特罗教授提出了高等教育分层现象,并对其成因进行了分析。① 马丁·特罗认为,高等教育分层的现象在世界各国都客观存在,具体而言,不同类型、不同举办者的高等教育机构在社会地位、知名度和数量上存在着明显的差异。他提出了三种形式的高等教育系统分层:一是高等教育部门内,也就是高等学校之间的分层;二是高等学校内部的部门或院系的分层;三是各院系内部的系或者基层单位的分层。其中,第一种形式的分层,为高等学校分类问题的研究提供了理论基础。

马丁·特罗认为,高等教育的分层源于高等学校的历史声誉与传承、所处的地理区位、由国家政策与法律赋予的特权和获得教育经费的保障等因素,以及由此带来的优质的生源、优秀的教师和科研人员,进而形成在人才培养和学科建设方面的综合优势。而我国四十余年的高校重点建设,在提升高校人才培养和科学研究水平和积累办学经验的同时,也客观上形成了一批国内处于一流水平的知名大学。② 高等教育分层现象的客观存在,在较大程度上造成了各国高等教育在发展中为了升层而盲目追求升格、升等,进而提高了高等教育机构之间的同质化程度。而在我国"双一流"建设政策的制定中,非常强调构建"动态调整"机制,以便打破以往重点建设政策所带来的身份固化问题。而在高等学校分类管理中,同样要注意机制体制的设计和优化,通过调整资源配置方式,引导不同类型的高校能够各安其位、错位竞争。

四、知识分化理论

作为高等教育系统的目的与核心,③知识尤其是高深知识,既是分析高等

---

① 伯顿·克拉克主编.高等教育新论——多学科的研究[M].王承绪等,编译.杭州:浙江教育出版社,1988:130.
② 孙俊华.我国高校"双一流"建设的制度积淀与发展思路[J].厦门大学学报(哲学社会科学版),2017(6):17-24.
③ 伯顿·克拉克.高等教育系统——学术组织的跨国研究[M].王承绪等,译.杭州:杭州大学出版社,1994:11.

教育三大职能的逻辑起点,也是构建高校分类体系的重要参考标准。进入知识经济时代以来,作为社会核心的知识机构,高等学校的智力资源成为国家和社会最重要的资源,高校在社会中越来越接近于"中心"地位。

作为高等教育活动的核心,高等学校在对知识的处理方式上的差异,造成了其在履行三大基本社会职能中差异,并形成了高等学校类型的分化。按照博耶在1990年发表的《学术反思》中的观点,高等学校对于知识的处理活动可以概括为四种不同的学术活动(Scholarship),即探究的(Discovery)学术、整合的(Integration)学术、应用的(Application)学术和教学的(Teaching)学术。[①]

在构建高等学校分类系统中,可以借鉴博耶的学术生态观,引导各种类型的高校,根据自身的办学传统和使命,选择不同的学术活动组合,选择不同的专门领域(学科/专业)开展学术活动。例如,基于在知识生产链上的分工,即注重探究的学术、整合的学术和应用的学术,形成研究型、应用型和技能型等类型;基于开展学术活动专门领域的组合方式,形成综合型、多科型或单科/特色型等类型。

五、劳动力市场分割理论

作为一种经济理论,劳动力市场分割理论(Labour Market Segmentaion Theory)于20世纪60年代由美国经济学家多林格尔和皮奥利提出。作为对人力资本理论的一种补充,它最早用于解释为何教育的扩展没有改变各阶层收入不平等或"文凭膨胀"的问题。所谓劳动力市场分割,是由于社会性或制度性因素,形成了劳动力市场的部门差异及其分割属性,从而影响不同类型劳动者的劳动报酬与就业质量。该理论认为,劳动力市场是由多个相互隔离的子市场构成,而不是一个统一的连续体。[②]

劳动力市场分割理论对于我国高等学校分类研究具有一定的借鉴和参考意义,其原因具体如下:首先,从就业地点来看,我国长期存在的户籍制度、农

---

① 潘金林,龚放.博耶的学术生态观与高等学校的学术定位[J].中国大学教学,2009(4):92-95.

② 马陆亭.我国高等学校分类的结构设计[J].北京大学教育评论,2005,3(2):101-107.

第四章 省域高等学校分类体系的构建

地制度和城乡二元经济,使得我国的劳动力市场和高校毕业生就业市场客观上存在着城乡差异或分割、不同经济发展水平的地区差异或分割,如"孔雀东南飞"的现象。而在毕业生择业过程中,长期存在向经济发达地区、向省会城市尤其是一类城市聚集的倾向。其次,从就业的行业或部门来看,不同行业或部门在国民经济中的分工以及所处生命周期阶段的不同,加上客观存在的体制性因素,使得不同行业提供的就业环境尤其是薪酬待遇和发展机会存在较大差异,使得就业市场存在着热门行业和冷门行业之分。最后,在高等学校的人才培养中,市场力量尤其是就业市场的影响越来越大,就业结果因素在高等学校专业调整决策中所占的权重越来越高。包括在高校更名过程中出现的去农业化和去师范化的现象,在一定程度上都是迎合社会认知和招生就业市场需求的结果。在盲目追求发展"热门""紧俏"专业或学科的过程中,高等学校容易丧失其长期积累的行业优势和行业资源,同时又无法及时构建其新的竞争优势。因此,在构建高等学校分类体系的过程中,要注意引导各类高等学校考虑不同类型劳动力市场的需求来形成自己的人才培养特色,从而进一步积累自身的办学优势。①

第二节 高等学校分类的基本原则

省域高等学校分类体系的构建,除了要遵循科学性原则和可操作性原则之外,还要考虑一下四个原则。

一、目标性/导向性原则

任何分类活动都必须以特定的目标作为出发点,分类目标是对高等教育系统进行分类的基础。因此只有确定了省域高等学校分类的目标之后,才能建立相应的分类指导思想和分类指标体系。教育的外部关系规律指出,高等教育系统必须主动适应社会发展需要,与各个社会子系统保持良性的协调关

---

① 刘玲. 我国普通高等学校分类问题研究[D]. 西安电子科技大学,2007.

系。基于国家和省域的经济、社会和人口发展的预测和规划,对省域高等学校进行分类规划和指导,可以避免盲目的发展和内部的摩擦,提升高等教育系统的自身效率及其为区域经济社会发展服务的能力。

二、平等性原则

教育的内部关系规律指出,高等教育系统的良性发展,需要其内部各子系统依据合理的分工定位形成良性的协调关系。虽然高等教育各个子系统的功能会不断分化,但应该是一种平等分工、没有高低优劣之分的关系。在《美国加利福尼亚州高等教育总体规划》中,克拉克·克尔提出,在构建高等教育分类系统中,应该根据知识的质量而不是知识的种类来进行分类,所有有用的知识都应该得到尊重。同样,在我国和省域高等学校的分类中,分类是基于高校职能的重新定位,使各类高校适得其所,而无贵贱高下之分。注重高等教育部门子系统尤其是各类高校之间的平等性,是保障各类高校安于其位、错位发展的前提。

三、事实性原则

进行高等学校的分类,不能脱离高等教育系统的发展历史、现实条件和发展现状。如起源于20世纪70年代的美国卡内基高等教育机构分类注重的是对美国高等教育现状的客观描述,以便引起社会各界对各类机构之间存在差异的关注,并强调这种多样性存在的重要性和必要性。

本研究重点探讨在《设置意见》提出的国家高等学校"三分法"框架下,如何构建省域高等学校分类体系。在此过程中,既要考虑"三分法"下三类高校的定位,又要通过描绘江苏省高等学校发展的核心指标,对标国内典型高校发展状态,进而确定各类高校的关键阈值,为后续省域高等学校分类规划或分类设置标准的出台提供借鉴。因此在对江苏高等学校进行试分类的过程中,将遵循事实性原则,基于江苏省高等学校的发展实际情况和自身发展定位,并结合国内典型高校特征来确定分类方案。

四、简洁性原则

作为一个需要兼顾理论探索和实践操作的活动,对省域高等学校分类体系的研究,首先关注的是对江苏高等学校进行有效的区分。在此过程中,实践操作的简洁性也就显得非常重要。

第三节 省域高等学校分类的框架与标准

一、国内外分类体系的总结

高校分类体系设计是分类研究中最受关注且争议最大的问题,因此对国外、国内以及省域高等学校分类体系及其分类标准进行了比较和归纳(表4-1)。

从中可知,国际教育标准分类的分类依据是人才培养的学历层次与培养方法,而描述性分类的卡内基高等教育机构分类(2015版)和欧洲U-Map分类均是从包括人才培养等多个维度刻画高等学校的办学特征,法、德、英、俄基于人才培养、学科和发展历史来构建分类体系,日韩基于经费来源、人才培养、科学研究等维度设计行政管理分类。而加州高等教育总体规划则是规定性分类,从招生、转学、人才培养、科学研究等维度确定了三个高校的发展定位。

国内和省域高校分类体系,包括大量的理论研究成果,大致可以归结为三分法、四分法、多分法和层类组合法。[①]

第一,"三分法"。如依据高等教育的基本职能或办学使命,将我国高校分

---

① 雷家彬. 国内高等学校分类研究述评[J]. 现代大学教育,2010(5):107-111.

表 4-1 国内外和省域高校分类的比较分析

分类方法		分类结果	分类维度/标准
(1)国外高等学校分类体系			
国际教育标准分类1997版		2大类4小类	人才培养:学历层次(本科、硕士、博士)、培养方向(理论型、技术型)
国际教育标准分类2011版		4大类8小类	
欧洲 U-Map(2012)		描述特征	教学情况、知识交换互动、学术情况、国际化、研究活动、本地化(6维29个指标)
俄罗斯		联邦大学、国立研究型大学、综合型大学、专科大学和专科学院	教育层次和专业覆盖范围
德国		综合性大学、应用技术大学、高等艺术学院与音乐学院、专科大学、高等教研机构、职业学院	高等教育的任务和定位
法国		短期高等技术院校、综合大学、高等专业大学、高等专科学院、高等教研机构	培养目标、招生制度、教学安排和行政管理
英国		古典大学、近代大学、城市大学、新大学、多科技术学院及其升格的大学、高等教育学院	发展历史、人才培养、社会服务、组织机构和学科
英国(科研评估分类)		7类/4类	科研评估结果

续表

分类方法	分类结果	分类维度/标准
卡内基分类 2015 版	7 大类 33 小类	本科教育,研究生教育,在校生结构,本科生特征,学校规模和设置
日本(天野郁夫)	研究型,大学大学院,准大学,硕士大学,学部大学	研究与教育相统一的两个功能
日本(文部科学省 2019 新分类)	国立大学法人,公立大学,私立大学,短期大学,专门职大学/专门职短期大学/专门职学科,专修学校/各种学校,高等专门学校	经费来源,教学与科研功能
韩国	大学校和学院,大学院,专门大学,产业大学,教育大学,广播函授大学,虚拟/网络大学(私立大学)	经费来源(国立/公立/私立)、人才培养,办学形式
加州大学分类	加州大学,州立学院,社区学院	招生,转学,人才培养,科学研究
(2)国内高等学校分类体系		
大学评估型分类	13 类×4 型(研究型、研究教学型、教学研究型、教学型)	学科门类×科研规模
学术研型分类	3 类(研究生院、普通本科、高职)11 小类	教育,科研,职业
分次划分法	(研究型、教学科研型、教学型、应用型)×(综合类、多科类、单科类)	经费来源(公办与民办)、三大职能×学科(专业)覆盖面

续表

分类方法	分类结果	分类维度/标准
多维动态分类	学术性/非学术性及其与六个分类维度的组合	学科覆盖面,基本职能,学位授予,服务面向,办学规模和办学资源获取
职能发挥分类	教学型、研究型、应用型、教学研究性、教学应用型、研究应用型和综合型	人才培养、科学研究、社会服务
(3) 国内省域高等学校分类体系		
北京市	研究型大学I/II、博士型大学I/II、硕士型大学I/II、学士型大学I/学院、专科(高职)院校和专门学院	三大职能
上海市(分类评估)	"985工程"高校、"211工程"高校、老本科高校、新建本科高校和高职高专院校	院校层次、发展历史
上海市(发展规划)	4×3格(即学术研究型、应用研究型、应用技术型和应用技能型)×(综合性、多科性、特色性)	(人才培养+科学研究)×学科门类/专业
江苏省	研究型、教学研究型、教学型、高职院校	三大职能
浙江省	本科层次3×2格(即研究为主型、教学研究为主型、教学型)×(多科性、综合性)	(学科建设、科学研究、师资队伍、人才培养)×学科/专业数
山东省(政策文件)	"985工程"院校、"211工程"院校、应用基础型、应用型和技能型	院校层次

第四章 省域高等学校分类体系的构建

续表

分类方法	分类结果	分类维度/标准
山东省(理论研究)	(教育部属,普通本科,高职)×(综合类,多科类)×(本科,专科)	行政隶属关系,办学主体,人才培养规格,学科结构
陕西省	"985工程"、"211工程"院校,省属高水平大学,应用型本科,高职高专和民办高校	院校分层,办学水平,经费来源(举办者)
黑龙江	"985工程"、"211工程"院校,省属本科,应用型本科,其他普通本科,高职院校	院校层次,隶属关系,学历层次
吉林省	研究型,应用研究型,应用型,职业技能型	三大职能
辽宁省(政策文件)	(农林医药业类,工业类,现代服务业类,社会事业类)×(研究型,研究应用型,应用型)×本科层面	产业对接×人才培养+办学层次
辽宁省(理论研究)	(研究型,研究服务型,研究应用型,教学服务型和高职教学型)×(综合性,多科型和专门型)	三大职能×学科综合系数
辽宁省(理论研究)	四分位区间	教学,学生,科学研究,社会服务和高校资产
湖北省(理论研究)	(专科密集型,本科集中型,本科密集型,研究集中型,研究密集型)×8个学科类	学生情况,学科情况,办学条件,社会服务

资料来源:根据相关文献资料整理。

为研究型、教学研究型、教学型,①或者学术型、应用型、职业技术型;②根据高等教育的发展历史阶段,将我国高校分为精英型、大众型、精英—大众共存型;③根据办学层次或发展定位,将我国高校分为世界级、国家的、地方性等类大学或院校;④根据高校的学科覆盖情况,将我国高校分为综合性、多科性、单科性。⑤例如浙江大学课题基于教育维度的划分和对山东省高校分类的第一个维度便是分为类似的"三分法"。

第二,"四分法"。如根据高校科学研究活动的规模及其侧重点,将我国高校分为研究型、研究教学型、教学研究型、教学型等四种类型的大学或院校;⑥依办学层次或办学实力,将我国高校分为研究型、教学研究型、本科、专科等四种类型。⑦上海市、江苏省、浙江省、吉林省和辽宁省的省域分类体系以及武书连的"大学评估分类法"、陈厚丰的"分次划分法"中都涉及采用"四分法"或将其作为一个维度。

第三,"多分法"。例如参考美国卡内基高等教育机构的分类标准,尤其是办学层次或学位授予情况,将我国高校分为研究型、博士型、硕士型、本科型、专科或职业型等五种类型;⑧依据高校的三大基本社会职能和教育层次(学位授予),将我国高校分为研究型、教学研究型、教学服务型、教学型本科、专科和高等职业等类院校;⑨依据我国高等教育行政管理分工、重点建设的历史、办学层次和培养方式,将我国高校分为"985工程""211工程",其他全国性、部门

---

① 胡建华. 关于大学体系层次化的若干思考[J]. 清华大学教育研究,2003,24(4):29-32.

② 潘懋元,董立平. 关于高等学校分类、定位、特色发展的探讨[J]. 教育研究,2009(2):42-42.

③ 陈敏. 大众化视野中的高等学校分类[J]. 现代大学教育,2002(1):64-68.

④ 马陆亭. 建设一流的高等学校体系[J]. 中国高教研究,2009(9):22-25.

⑤ 张爱龙. 我国高等学校的一种分类法[J]. 中国高等教育,2001(Z1):64.

⑥ 武书连. 再探大学分类[J]. 科学学与科学技术管理,2002,23(10):51-56.

⑦ 王义遒. 学生就业再次呼唤高等教育多样化[J]. 北京大学教育评论,2004,2(4):15-16.

⑧ 刘少雪,刘念才. 我国普通高校的分类标准与分类管理[J]. 高等教育研究,2005(7):40-44.

⑨ 刘献君. 建设教学服务型大学——兼论高等学校分类[J]. 教育研究,2007(7):31-35.

和各省(自治区、直辖市)的重点类,其他四年制本科类,普通和成人专科类,社会力量举办类,高等教育自学考试系统等类型。① 山东省、陕西省、黑龙江的分类管理政策中基于高校现实层次的分类,北京市和湖北省的分类研究及职能发挥分类法基于三大职能的分类,都采用了"多分类"方式,涉及5~7种类型。

第四,多维度组合法或层次—类型组合法。选取两个或者多个维度对高校进行分类,通过二维或多维组合,形成较为复杂的高等学校分类体系。例如基于维度一的人才培养功能,分为学术型人才、应用型人才和技能型人才等类型;基于维度二的高校发展定位,分为研究型和教学型两类;基于维度三的学科或行业覆盖面,分为综合型和专业/特色型两类。在此基础上,通过组合最终获得研究型(综合/广博研究型和特色型研究)、教学科研型(分为综合型和专业特色型)、本科教学型(分为综合型和专业特色型)、专科教学型(分为城市和职业技术)等类型。② 为了更好地刻画高等学校的发展特征,越来越多的研究采用了多维组合法。在国内较早比较系统的分类研究中,例如大学评估型分类、学术研型分类、分次划分法和多维动态分类,以及上海市、浙江省、山东省、辽宁省和湖北省有关省域分类体系的实践或理论研究中,都采用了多维组合法,并且分类维度多是三大职能(人才培养为主)和学科(专业)。

为了更加准确全面地把握高等教育多样化发展的特征,高等学校的分类呈现出越来越多样化的趋势,而且往往引入越来越多的分类维度或标准。在分类标准方面,多参考借鉴了卡内基高等教育机构分类法或国际教育标准分类的方法,选择了办学层次、学科专业覆盖面、人才培养定位、基本社会功能或职能定位、科研经费投入强度等分类标准。在划分结果方面,高校类型命名的前缀,多使用高校办学类型或层次、学位授予、办学区域或使命以及举办者或行政管理隶属关系。高等学校分类的研究者,包括高等教育行政管理人员、高校领导、专业研究人员以及社会机构(如高等教育评价或排名机构)等。尽管

---

① 陈学飞. 高等教育系统的重构及其前景——1990年代以来中国高等教育管理制度的改革[J]. 高等教育研究, 2003(4):9-12.
② 马陆亭. 我国高等学校分类的结构设计[J]. 北京大学教育评论, 2005(2):105-106.

关于高等学校分类体系存在众多的方案和观点,但是在分类方案中"三分法"得到的支持相对较多,高等教育的基本职能、学科覆盖面、人才培养定位和学位授予(教育层次)等标准被使用得最多,"研究型""教学型"这两个类型得到的广泛的认可。部分学者在比较分析各类分析方案的基础上,提出将高校分为学术型、应用型和职业技能型三类,①以适应现阶段国家发展战略的需要和便于引导高等学校错位发展。

二、基本分类框架

(一)国家高校"三分法"框架

1. "三分法"框架的确立

《设置意见》明确提出了现阶段我国高校"三分法"的主体框架,即研究型高等学校、应用型高等学校和职业技能型高等学校的三分类体系,其分类基础是高等学校的人才培养定位。《设置意见》对各类高等学校的具体特征描述如下:

> 研究型高等学校,"主要以培养学术研究的创新型人才为主,开展理论研究与创新,学位授予层次覆盖学士、硕士和博士,且研究生培养占较大比重"。

> 应用型高等学校,"主要从事服务经济社会发展的本科以上层次应用型人才培养,并从事社会发展与科技应用等方面的研究"。

> 职业技能型高等学校,"主要从事生产管理服务一线的专科层次技能型人才培养,并积极开展或参与技术服务及技能应用型改革与创新"。

国民经济和社会发展的关键在于人才,而人才具体包括研究创新人才、应用型人才和职业技能型人才以及复合型人才。② 而具有不同人才培养定位和

---

① 杨兴林."四分法"理论的重新审视与我国高校分类的再思考[J]. 高教探索,2007(1):55-58.

② 杨兴林."四分法"理论的重新审视与我国高校分类的再思考[J]. 高教探索,2007(1):55-58.

第四章
省域高等学校分类体系的构建

社会服务面向的研究型、应用型、职业技能型高等院校,在我国高等教育系统应该具有平等的地位,在国家现阶段的发展战略尤其是创新型国家建设中,肩负着各自的特殊使命。

2.高等学校分类的省域协同探索

我国各省域在国民经济社会发展以及人力资源储备方面客观上存在着较大的差异,因此各省域基于各自的发展实际构建相适应的高等学校分类体系。因此,在我国中央和省域高等教育两级管理分工中,中央发挥指导作用,各省域则依据中央的政策框架或指导原则,结合省域发展战略和现实条件来设计高等学校分类体系和实施方案。在中央统一的指导框架下,各省域可以依据差异化的分类标准,探索反映区域高等教育发展实际的多样分类体系,引导省域内的高校实现特色定位、错位竞争和多样化发展。①

在国家统一的高校"三分法"框架下,省域政府可以根据发展实际探索省域高等学校的分类体系,包括根据具体发展实际设置地方重点高校。根据教育部哲社重大攻关课题项目"高等学校分类体系及其设置标准研究"课题组对各省域综合经济发展水平的测算,我国各省(直辖市、自治区)被划分为三类地区:

作为经济发展水平较高的一类地区,北京市、天津市、上海市等可在国家高校"三分法"框架下,自主开展高等学校四分类或多元分类体系的探索。2015年12月28日,上海市印发的《上海高等教育布局结构与发展规划(2015—2030年)》,结合上海实际发展情况,以人才培养和科学研究两大职能为分类基础,将上海市高校分为了四种类型,即学术研究型、应用研究型、应用技术型和应用技能型。与国家框架相比,上海市将应用型高等学校进一步细分为应用研究型和应用技术型两类。

作为二类地区,广东省、江苏省、浙江省等省份,可在国家高校"三分法"框架下发展,也可自主探索四分类或多元分类体系。例如,2016年8月8日印发的《浙江省普通本科高校分类管理改革办法(试行)》将浙江本科高校按二维结构,其中根据学科建设、科学研究、师资队伍、人才培养等,分为研究为主型、教学研究型、教学为主型(高职高专另做一类)。

---

① 史秋衡,康敏. 探索我国高等学校分类体系设计[J]. 中国高等教育,2017(2):43.

三类地区中的其他省市,则要抓住高等学校分类的契机,积极调整省域高等教育的发展结构,引导高等学校确定科学合理的发展定位,引导各种类型高校积极服务省域经济和社会的发展需求,有条件的地区可以探索四分类体系。

作为二类地区,江苏省既可以在国家高校"三分法"的框架下发展,也可自主开展对高等学校四分类体系或多元分类体系的探索。2011年,"江苏高等学校分类体系研究"课题组以高等学校的三大基本职能为分类基础,将江苏省普通高校分为四种类型,即研究型、教学研究型、教学(应用)型和高职高专。[①] 在之后的实践探索中,江苏省政府逐步推进区域高等学校分类体系的构建与调整。2016年发布的《江苏省"十三五"高等教育发展专项规划》提出,要根据区域经济社会发展的需要,紧密对接产业和行业需求,"重点推进教学型和教学研究型定位的高校向应用型转变",鼓励独立学院在转设为独立设置高等学校时定位为应用型本科院校。基于此,本研究将基于"三分法"框架来探讨江苏省普通高等学校的分类体系并进行试分类。

(二)基于知识分化的学科覆盖维度

高等学校是以知识为中心的,知识既是高等教育基本社会职能的逻辑起点,也是比较分析高等学校核心特征的重要维度。学科是高等教育活动的基本单元和平台,高等学校发展的历史在本质上就是这所学校的学科发展历史,而学科的分立是知识分化的必然结果。从博耶的学术生态观来看,高等学校从教学型到研究型的发展,反映的是一所学校在学术生产链上从应用的学术、整合的学术向探究的学术延伸或转变;从单科型向多科型直到综合型高校的发展,反映的是学术活动的专门领域范围的扩展,即学科结构的演化,因此从学科覆盖的视角来解释和分析高等学校类型是非常必要的。而在国内外相关的高等学校分类实践和理论研究中,都将学科(专业)覆盖度作为重要的分类标准(指标):

在国外的分类体系中,在欧洲 U-map 2012 版本中,其分类的第 1 个维度第 5 个指标便是学科领域覆盖面(按"国际教育标准分类"的学科标准来统计

---

① 陆岳新,孙俊华,洪港. 基于高校特色发展的江苏高校分类体系研究[J]. 阅江学刊,2015,7(2):81-86.

第四章
省域高等学校分类体系的构建

该校授予学位的学科数量);在美国卡内基高等教育机构分类中,授予博士学位、硕士学位的(学科领域)数量是对博士学位授予大学、硕士学位授予大学进行细分的重要标准。

在国内高校分类体系研究中,越来越多的研究采取了多维组合分类法,而其中的一个维度便是学科(专业)覆盖度。例如在武书连的大学分类中,按照学科门类将现有大学分为综合类、文理类和单科类(如工学类、农学类等 11 种)等 13 种类型;①从高校学科(专业)覆盖面的维度,陈厚丰将我国高校分为三种类型,即综合类、多科类和单科类;②类似的,曹赛先根据学科覆盖面,将高校分为综合性、多科性和专科性三个类型。③

在省域高校分类中,部分省(市)也引入了学科(专业)维度来构建多维度组合分类,例如上海市在《关于印发上海高等教育布局结构与发展规划(2015—2030 年)的通知》中,按照主干学科门类(本科层次的学科门类和专科层次的专业大类发展情况),将高校划分为三个类型,即综合型、多科型和特色型。浙江省在《浙江省普通本科高校分类评价管理改革办法(试行)》中,根据专业数量、前五个主干专业学生占比、专业类数量、学科门类等分为多科性和综合性。雷家彬在对湖北省高校的分类设计中,④宋尚桂和宋柏林对山东省高等学校的分类研究中,⑤潘黎在辽宁省高等学校的分类标准设计中,⑥都使用了学科(专业)覆盖度这一维度。

基于以上分析,本研究将基于学科覆盖这一维度,将普通高等学校分为综合类、多科类和特色类三类。综合国家高等学校"三分法"框架和学科覆盖维度,本研究的基本分类框架(九宫格)如下表 4-2 所示。

---

① 武书连. 再探大学分类[J]. 科学学与科学技术管理,2002,23(10):51-56.
② 陈厚丰. 中国高等学校分类与定位问题研究[M]. 长沙:湖南大学出版社,2004:211.
③ 曹赛先. 高等学校分类的理论与实践[D]. 武汉:华中科技大学博士论文,2004.
④ 雷家彬. 高等学校分类方法导论[M]. 北京:中国社会科学出版社,2016:107-128.
⑤ 宋尚桂,宋柏林. 高等学校分类管理政策研究[M]. 济南:山东人民出版社,2015:190-192.
⑥ 潘黎. 高校分类标准的构建及实证研究[M]. 北京:科学出版社,2017:67-83.

表 4-2　江苏省高等学校分类的九宫格框架

人才培养	学科覆盖		
	综合类（Ⅰ）	多科类（Ⅱ）	特色类（Ⅲ）
研究型（A）	AⅠ型	AⅡ型	AⅢ型
应用型（B）	BⅠ型	BⅡ型	BⅢ型
职业技能型（C）	CⅠ型	CⅡ型	CⅢ型

三、省域高等学校分类的标准体系

对于省域高等学校分类指标的选取和关键阈值的设定，本研究将从两个方面着手：一是基于对高校基本类型的描述，提取核心指标并通过专家意见法来确定阈值；二是基于国内外高校分类的典型实践和理论研究成果，以及典型高校的关键指标特征来进行设计。同时，在对江苏省高等学校进行试分类的过程中，还会基于事实性原则，基于高校发展基础和发展定位，基于动态发展的视角，确定该校最终归属的类型。

（一）"三分法"框架的解构与操作化

《设置意见》所提出的"三分法"架构，是本研究的基础。因此，对研究型、应用型和职业技能型三类高校的特征进行的描述和刻画，是提取分类指标的重要基础。基于《设置意见》以及相关研究成果，本研究提出了描述三类高校特征的关键指标（表 4-3），并形成了三类高校在人才培养为主的三类职能方面的界定和关键分类/描述指标体系（表 4-4）。

表 4-3　对三类高校特征具体描述的编码分析

特征维度	研究型	应用型	职业技能型
人才培养定位	从事学术研究的创新型人才	应用型人才培养	一线专业技术人员和高技能人才

续表

特征维度	研究型	应用型	职业技能型
授予学位类型	覆盖学士、硕士和博士,研究生占较高比例,且博士在校生数占研究生在校生数比例较高	覆盖本科、硕士(学术类和专业类)和少量博士,学士学位授予人数占总授予人数比例较大,在校博士生数占在校研究生数适度的比例	专科层次
研究导向	开展知识创新和理论探究	以应用研究和面向实践的教学研究为主	技术服务及技能应用型改革与创新
科研经费投入	投入较大且科研经费占学校总支出一般在一成以上	科研经费总支出占学校全部支出适度	
专任教师队伍	正高级职称比例较高,具有高水平自由研究和攻关研究能力	具有应用研究的能力	双师素质教师比例很高
教育经费来源	中央财政性拨款为主		
学校组织机构	院系与学科为主,跨学科创新平台为辅	以专业群为主,围绕区域职业分类或行业产业链展开	以面向专业为主
学科门类	偏综合类或多科类		

资料来源:《关于"十三五"时期高等学校设置工作的意见》(教发〔2017〕3号)。史秋衡,康敏.探索我国高等学校分类体系设计[J].中国高等教育,2017(2):42-43.杨兴林."四分法"理论的重新审视与我国高校分类的再思考[J].高教探索,2007(1):55-58.

表 4-4 基于"三分法"的江苏高等学校分类框架和指标体系

高校类型	分类维度	三大基本功能的定位	核心分类或描述性指标
研究型高校	人才培养	着眼于培养拔尖创新人才；以研究生教育（尤其是博士生教育）和高水平本科教育为主	研究生所占比例*、学术类研究生所占比例*；博士生所占比例*、博士点数量、硕士点数量；本科专业数量、博硕本专业相关性
	科学研究	承担重大科研攻关研究工作；成为国家或地方政府负责基础研究的重要学术机构	ESI 前 1% 学科数*、A 类学科数*、正高职称占比*、博士学位教师占比*、科研经费投入（基础性/应用性）；学术论著数、科研成果获奖
	社会服务	成为国家或地方政府重大决策的智库；成为其他科研项目的学术资源库	年度合作合同数；科研成果采纳数
应用型高校	人才培养	着眼于应用领域的专业型本科人才培养	研究生所占比例*、专业研究生所占比例*；本科生对口就业率等
	科学研究	着力于应用型研究和提高教育教学质量的研究	科研经费投入、学术论著数、专利授权数
	社会服务	着眼于服务地方经济的人才培养和应用技术服务	年度合作合同数、科研成果采纳数、专利转让收入

续表

高校类型	分类维度	三大基本功能的定位	核心分类或描述性指标
职业技能型高校	人才培养	着眼于应用领域或就业岗位的技能型人才培养	毕业生对口就业率
	科学研究	着力于提高教育教学质量的科学研究	教学研究论著数、专利授权数
	社会服务	着眼于服务地方经济的技能培训和实用技术服务	实训基地和实习基地数、专利转让收入

注:受实际相关指标数据可获取性的限制,本研究在实际试分类中仅使用了加"*"的指标。

对于三类高校特征的描述可以归为 8 个细维度,其中"学科门类"将在学科覆盖维度中讨论。而对学校组织架构特点的分析较为复杂,并且更多的是作为一种推进学校发展的引导性标准。教育经费来源仅涉及对研究型高校的描述,所以不宜作为分类的操作性指标。通过综合表 4-3 和表 4-4,并考虑数据的可获得性,最终确定主要从人才培养、科学研究和师资队伍等方面来设计操作化指标。

人才培养是进行高等学校分类的关键性指标。分类目标决定分类标准,高等学校分类的目的不同,所选取的分类角度就会有所不同,分类角度的差异必然导致依据的标准也多样化。而根据当前的实际情况,要明确对高等学校加以分类的目的在于帮助高校进行正确的学科定位、找准自己的位置,从而制定出适合自身特点的发展战略,培养符合国家发展需要的合格的、优秀的人才。分类的最终依据标准应该定位在学校的人才培养上(这才是高校的根本任务),要依据人才培养的不同类型和规格对高等学校进行分类。由于职业技能型高校与其他两类高校最明显的差异在于授予学位类型的差异,所以在本研究中将主要讨论研究型高校和应用型高校的分类。在本研究中,人才培养类指标主要选取学位授予类型、在校研本比(在校研究生与在校本科生的比例)、在校博硕比(在校博士研究生与在校硕士研究生的比例)、学术型研究生占比(占研究生的比例)等 4 个指标。

同时,高校师资队伍的构成及其能力水平,不仅会影响高校的人才培养水平,也会影响高校在知识生产过程中的定位及其水平。加之高校研究导向的区分,需要对研究成果的类型进行细致的区分,所以本研究将选取高校师资队伍来替代科学研究作为分类指标。在本研究中,师资队伍类指标主要选取正高职称占比和拥有博士学位教师占比两个指标,并对各高校的生师比进行描述。

为了确定相关指标在研究型高校和应用型高校之间阈值,本研究以原"985工程"高校为"原型",根据这些高校的相关数值来设置阈值。基于《教育部直属高校2015基本情况统计资料汇编》所抽取的32所原"985工程"高校的相关情况见附表1。在此基础上,结合对各类高校相关特征的描述,设定了研究型高校和应用型高校在相关指标上的分类阈值(表4-5)。在校研本比、在校博研比和正高职称占比的阈值皆设定为原"985工程"高校的门槛值,即介于最小值和平均值之间。

(二)学科覆盖的测度

对于学科覆盖维度的测度及阈值的设定,主要参考上海市和欧洲U-Map的做法。按照高校招生所涉及的12个学科门类(不含军事学、文史哲经管法教理工农医艺)进行统计,综合类、多科类和特色类三类高校的学科(门类)覆盖度分别为7个及以上,3~6个以及1~2个。同时,按照7个学科门类(人文、社科、教理工农医)统计学科覆盖度,结合第四轮学科评估A类学科数、ESI前1%学科数进行分析。

表4-5 "三分法"框架下的研究型大学分类指标的阈值设定

指标	特征描述	"985工程"高校情况			阈值设定
		最小	均值	最大	
学位授予类型	覆盖学士、硕士和博士	博士授权单位			
在校研本比	研究生占较高比例	0.34	0.74	1.68	>0.50
在校博硕比	在校博士生数占研究生比较高	0.18	0.41	0.93	>0.25
学术型研究生占比	以学术型为主	——			>0.60
正高职称占比	正高级职称比例较高	0.20	0.32	0.46	>0.25
有博士学位教师占比	高水平自由研究和攻关研究能力	——			>0.65

江苏省高等学校的试分类

第一节 江苏省高等学校发展基本情况

一、总体发展概况

截至2017年末,江苏省普通高校总数达到167所。其中,本科院校共有52所,高职高专院校共有90所,独立学院25所。本科院校中,有公办高校46所,包括部委属10所,省属31所和市属5所(南京晓庄学院、金陵科技学院、徐州工程学院、常州工学院和泰州学院),民办4所(三江学院、无锡太湖学院、宿迁学院和南通理工学院),中外合作办学2所(西交利物浦大学和昆山杜克大学)。高职高专院校中,省属高职高专有42所,市属高职高专有25所,民办高职高专有22所,另有中外合作办学高职1所(苏州百年职业学院)。① 本研究的分析对象为167所普通高等学校(含独立学院,详见附表2)。

---

① 江苏省教育厅. 江苏省普通高等学校名单[EB/OL]. [2019-08-21]. http://202.119.175.194/art/2017/6/6/ art_4560_55516.html.

二、基本构成

（一）高校重点建设工程入选情况

1.本科高校

江苏省原"985工程"高校有2所：即南京大学和东南大学。

江苏省原"211工程"高校有11所：即南京大学、东南大学、苏州大学、南京航空航天大学、南京理工大学、中国矿业大学、河海大学、江南大学、南京农业大学、中国药科大学、南京师范大学。

江苏省有15所高校入选"双一流"建设高校：世界一流大学建设高校2所，即南京大学、东南大学；世界一流学科建设高校13所，即苏州大学、南京航空航天大学、南京理工大学、中国矿业大学、河海大学、江南大学、南京农业大学、中国药科大学、南京师范大学、南京林业大学、南京邮电大学、南京信息工程大学、南京中医药大学。

江苏省高水平大学21所：包括9所部属高校，即南京大学、东南大学、南京航空航天大学、南京理工大学、中国矿业大学、河海大学、江南大学、南京农业大学和中国药科大学；8所省属高校，即苏州大学、南京师范大学、南京邮电大学、南京信息工程大学、南京工业大学、江苏大学、扬州大学和南京医科大学；4所省属培育高校，即南京林业大学、南京中医药大学、江苏师范大学和南通大学。

2.高等职业院校

7所国家示范性高职院校：首批入选（2006年）2所，即南京工业职业技术学院和无锡职业技术学院；第二批入选（2007年）3所，即江苏农林职业技术学院、常州信息职业技术学院和苏州工业园区职业技术学院（唯一入选的民办高职院校）；第三批入选（2008年）2所，即江苏建筑职业技术学院（原徐州建筑职业技术学院）和江苏工程职业技术学院（原南通纺织职业技术学院）。

8所国家骨干高职院校：2010年入选2所，即南通航运职业技术学院和江苏农牧科技职业学院；2011年入选3所，即常州机电职业技术学院、苏州工艺美术职业技术学院和南京科技职业学院（原南京化工职业技术学院）；2012年入选2所，即南京信息职业技术学院、江苏经贸职业技术学院和江苏食品职业技术学院。

8 所江苏省级示范性高职院校和 1 个示范性高职园区：无锡商业职业技术学院、南京交通职业技术学院、江苏畜牧兽医职业技术学院、苏州农业职业技术学院、南京信息职业技术学院、江苏食品职业技术学院、南通职业大学和南京铁道职业技术学院，以及常州高职园区（含常州信息职业技术学院、常州纺织服装职业技术学院、常州工程职业技术学院、常州轻工职业技术学院和常州机电职业技术学院）。

（二）人才培养学历层次

按人才培养的学历层次分，江苏高校中现有博士学位授予权单位 24 个（常州大学系新增设），硕士学位授予单位 7 个（盐城工学院系新增设，南京财经大学和江苏师范大学承担"服务国家特殊需求人才培养项目"的博士研究生培养项目），"服务国家特殊需求人才培养项目"硕士研究生培养单位 3 个（淮阴工学院、南京工程学院和江苏理工学院）（表 5-1）。

表 5-1　江苏省普通高等学校的人才培养层次分布

高等学校类型	数量（所）	比例（%）
可授予博士学位的高校	24	14.4
其中：建有研究生院的高校	7	4.2
没有研究生院的高校	17	10.2
博士研究生培养单位（服务国家特需项目）	2	1.2
最高可授予硕士学位的高校	5	3.0
硕士研究生培养单位（服务国家特需项目）	3	1.8
只能授予学士学位的高校	43	25.7
其中：独立学院	25	15.0
高职（专科）院校	90	53.9
其中：国家示范性高职院校	7	4.2
国家骨干高职院校	8	4.8
合计	167	100.0

(三)学科属性

从学科属性上来看,高校可以为综合性院校、理工院校、师范院校、财经院校、医药院校、农业院校、林业院校、政法学院、艺术院校和体育学院等类型。江苏省苏北、苏中和苏南三大区域的高校类型分布见表5-2。

表5-2 高校学科属性区域分布情况一览表(不含独立学院)

单位:所

地区	综合性院校	理工院校	师范院校	财经院校	医药院校	农业院校	政法学院	林业院校	艺术院校	体育院校	总数
苏南	10	51	5	7	5	3	2	1	4	1	89
苏中	4	12	2	2		2					23
苏北	1	17	6	2	3	2					31
总数	15	80	13	11	8	7	2	1	4	1	142

从中可知,苏南地区院校类型齐全,而且在数量上占据绝对优势,尤其是综合大学、理工院校、财经院校苏南地区在总体布局中所占比例最高,政法、林业、艺术和体育类学院只布局在苏南,其他地区没有。师范院校则是苏北布局最多,农业院校和医药院校苏北布局所占的比例也相对较高。这在一定程度上反应出江苏省高等学校布局的不均衡,综合性和应用性高校相对集中在苏南,而与经济发展不是太紧密的师范、农林和医药等基础性学科则在苏北布局较多。

三、区域分布

从江苏省高等学校区域分布中可知(表5-2、表5-3、表5-4),苏南地区高校数量超过苏中地区和苏北地区的总和,并且优质高等教育资源都集中在苏南地区。

第五章 江苏省高等学校的试分类

表 5-3 江苏各省辖市普通高校数与 GDP 对比

省辖市	普通高等学校		普通高等学校（不含独立学院）		国内生产总值（GDP）		人均 GDP	
	总数(所)	占比(%)	总数(所)	占比(%)	总量(亿元)	占比(%)	数值(元)	排序
南京市	53	31.74	44	30.99	11715.10	13.29	141658	3
苏州市	26	15.57	22	15.49	17319.51	19.65	162664	1
无锡市	12	7.19	12	8.45	10511.80	11.93	161002	2
常州市	10	5.99	10	7.04	6622.28	7.51	140651	4
镇江市	8	4.79	6	4.23	4105.36	4.66	129047	5
扬州市	9	5.39	7	4.93	5064.92	5.75	112769	6
泰州市	7	4.19	3	2.11	4744.53	5.38	105925	7
南通市	9	5.39	8	5.63	7734.64	8.77	102125	8
徐州市	12	7.19	10	7.04	6605.95	7.49	75843	9
盐城市	6	3.59	6	4.23	5082.69	5.77	70251	10
淮安市	7	4.19	7	4.93	3387.43	3.84	69273	11
连云港市	5	2.99	4	2.82	2640.31	3.00	58721	12
宿迁市	3	1.80	3	2.11	2610.94	2.96	53509	13
江苏省	167	100.00	142	100.00	88145.46	100.00		

资料来源：根据江苏各省辖市 2017 年经济社会发展统计公报整理。

从学校隶属关系来看，10 所部属院校有 9 所在苏南；从学校层次来看，2 所"985 工程"高校都在苏南地区，11 所"211 工程"大学中有 10 所在苏南地区，只有中国矿业大学在苏北地区；16 所"双一流"建设高校中，仅中国矿业大学在苏北地区；21 所"江苏省高水平大学"建设高校中，仅 2 所在苏中地区（扬州大学和南通大学），2 所在苏北地区（中国矿业大学和江苏师范大学）。

由表 5-3 和表 5-4 可知，除南京市作为省会城市，具有悠久的高等教育办学历史和明显的高等教育资源集聚效应外,各省辖市高等学校数量与GDP、人口数量具有正相关关系。与各省辖市GDP所占比例相比,高校数量占比更高的是南京市和淮安市,而淮安市的GDP和人均GDP均排名江苏省第11名。与各省辖市常住人口所占比例相比,高校数量占比更高的是南京市、苏州市、常州市和镇江市。

表5-4 江苏各省辖市普通高校数与人口对比

省辖市	普通高等学校		普通高等学校（不含独立学院）		常住人口（万人）		户籍人口（万人）	
	总数(所)	占比(%)	总数(所)	占比(%)	总数	占比(%)	总数	占比(%)
南京市	53	31.74	44	30.99	833.50	10.38	680.67	8.73
苏州市	26	15.57	22	15.49	1068.36	13.31	691.07	8.87
无锡市	12	7.19	12	8.45	655.30	8.16	493.05	6.33
常州市	10	5.99	10	7.04	471.73	5.88	378.84	4.86
镇江市	8	4.79	6	4.23	318.63	3.97	270.90	3.48
扬州市	9	5.39	7	4.93	450.82	5.61	459.98	5.90
泰州市	7	4.19	3	2.11	465.19	5.79	505.19	6.48
南通市	9	5.39	8	5.63	730.50	9.10	764.47	9.81
徐州市	12	7.19	10	7.04	876.35	10.91	1039.42	13.34
盐城市	6	3.59	6	4.23	724.22	9.02	826.15	10.60
淮安市	7	4.19	7	4.93	491.40	6.12	560.90	7.20
连云港市	5	2.99	4	2.82	451.84	5.63	532.53	6.83
宿迁市	3	1.80	3	2.11	491.46	6.12	591.01	7.58
江苏省	167	100.00	142	100.00	8029.30	100.00	7794.18	100.00

资料来源:根据江苏各省辖市2017年国民经济社会发展统计公报整理。

第二节　江苏省高等学校发展定位的文本分析

一、定性编码设计

充分了解高等学校的发展现状和自身发展定位,是对江苏省高等学校进行分类的重要基础。在定量描述的之前,本研究将对江苏省高等学校的发展定位进行定性编码分析。编码的资料来源包括两类:一是各个高校的"十三五"规划,收集到包括50所本科院校和82所高职高专在内的共计132所江苏普通高校的"'十三五'事业发展规划"文本。二是各个学校官网上关于其发展定位的描述。由于高校"十三五"规划发布的时间多为2016年,所以高校官网上的文本有可能进行了更新和调整。通过两类文本的互相印证,能够更好地确定各个高校的发展定位(具体采集到的文本见附表3)。

对于江苏省高等学校发展定位的定性编码,主要编码为6个指标:除了高等学校的型(编码为研究型、教学研究型、应用型本科、高职高专)和类(编码为综合类、多科类和特色类),还有区域性、办学水平、办学特色以及升本诉求(具体见附表4)。

二、主要编码结果

(一)本科院校

由编码结果可知,本科高校中将发展定位编码为"研究型"高校有18所。其中,明确提出建设研究型大学的有10所(不含"985工程"2所),提出建设特色类的高校有6所,强调办学特色的有9所(表5-5)。此外,两所中外合作办学高校,西交利物浦大学和昆山杜克大学均定位于办"综合类研究大学"。

表 5-5　发展定位编码为"研究型"的高等学校

学校名称	学科覆盖	办学特色	发展定位概括
南京大学	—	—	世界一流大学
苏州大学	综合类	—	国内一流、国际知名高水平研究型大学
东南大学	—	—	世界一流学科
南京航空航天大学	—	—	高水平研究型大学
南京理工大学	特色类	特色	国内一流、国际知名的特色高水平研究型大学
中国矿业大学	特色类	特色鲜明	特色鲜明、世界一流的高水平矿业大学
南京工业大学	综合类	—	"综合性、研究型、全球化"大学
河海大学	—	特色	世界一流特色研究型大学
江南大学	—	特色鲜明	特色鲜明的研究型大学
南京林业大学	特色类	—	世界一流林业大学
江苏大学	—	有特色	高水平、有特色、国际化研究型大学
南京信息工程大学	—	特色	一流特色高水平大学
南京农业大学	特色类	—	世界一流农业大学
南京医科大学	特色类	特色鲜明	国际知名、特色鲜明的高水平研究型医科大学
南京中医药大学	特色类	有特色	高水平、有特色、国际化的一流中医药大学
中国药科大学	—	—	国际知名的高水平研究型大学
南京师范大学	—	—	有国际影响的高水平大学
扬州大学	—	特色鲜明	国内一流、国际知名、特色鲜明的高水平研究型大学

本科院校中将发展定位确定为"教学研究型"的有 4 所高校，分别是南京邮电大学、江苏师范大学、南通大学和苏州科技大学（表 5-6）。

表 5-6 发展定位编码为"教学研究型"的高等学校

学校名称	学科覆盖	办学特色	发展定位概括
南京邮电大学	特色类	特色鲜明	在信息科学与技术领域特色鲜明的高水平教学研究型大学
江苏师范大学	综合类	有特色	高水平、有特色、有品位的综合性教学研究型大学
南通大学	综合类	有特色	有特色高水平教学研究型大学
苏州科技大学		有特色	特色鲜明、品质卓越的高水平教学研究型大学

其余53所本科院校(包括25所独立学院)均可编码为"应用型"高校,其中明确提出"综合类"的高校有2所,"多科类"的高校有1所,"特色类"的高校有14所。

在发展定位中明确强调"面向地方"的有15所高校,例如常州大学的发展定位是"特色鲜明的高水平地方领军型大学",常州工学院的发展定位是"特色鲜明的高水平应用型地方大学",徐州工程学院的发展定位是"区域性综合大学"。

此外,在发展定位中明确强调"行业特色"的有27所高校,例如南京邮电大学的发展定位是"电子信息领域特色鲜明的一流大学",南京森林警察学校的发展定位是"在国内外具有影响力、特色鲜明的高水平的公安院校",南京体育学院的发展定位是"特色鲜明的高水平体育大学"。

(二)高职高专

有26所高职高专在发展定位中明确强调"面向地方",例如江苏财经职业技术学院在发展定位中强调"立足淮安、面向江苏、突出财经",沙洲职业工学院在发展定位中强调"根植张家港、融入张家港、服务张家港",苏州经贸职业技术学院的发展定位是"与区域经济高度融合的高水平、特色鲜明、高本相济的高等职业技术学院"。

有25所高职高专在发展定位中明确强调"行业特色",例如南京铁道职业技术学院的发展定位是"高水平、有特色、具有一定国际影响的轨道交通高职名校",江苏卫生健康职业技术学院的发展定位是"有中医特色的省级示范性高职院,立足江苏,服务区域经济,依托行业,面向健康事业"。

有10所高职高专在发展定位或战略规划中提出"升本"的诉求,具体包括:镇江市高等专科学校、南通职业大学、扬州市职业大学、连云港师范高等专科学校、炎黄职业技术学院、南京科技职业学院、江南影视艺术职业学院(2017年申报升格为本科层次的"江南影视艺术学院")、南京铁道职业技术学院、金肯职业技术学院和无锡城市职业技术学院。

第三节　江苏省高等学校的试分类

在对江苏省高等学校基本发展定位定性分析的基础上,将基于分类指标体系来进行量化分析和试分类。

一、研究型、应用型和职业技能型的划分

首先,将基于相关指标来划分研究型、应用型和职业技能型三种类型高校。根据授予学位的类型,将90所专科层次的高职高专归为"职业技能型"高校,将57所非博士培养单位归为"应用型"高校(不包括2所中外合作办学高校)。接下来将主要分析发展定位为"研究型"的18所高校的相关指标(表5-7)。

由表5-7可知,有3所高校在5项指标上均满足要求(南京大学、东南大学和南京农业大学),有4所高校在4项指标上满足要求(南京航空航天大学、南京理工大学、河海大学和南京师范大学)。

此外,两所中外合作办学高校,西交利物浦大学和昆山杜克大学均定位于"研究型"高校。考虑两所高校中外双方举办者的背景(西交利物浦大学的举办方系西安交通大学和英国利物浦大学,昆山杜克大学系武汉大学和美国杜克大学)及其未来发展规划,故将其归类为"研究型"高校。但是,按照研究型大学的定义和分类/描述指标,这两所高校都需要发展其研究生教育尤其是博士生教育(杜克大学是先举办硕士研究生教育后拓展至本科生教育),而这两所高校博士学位授权点的建设,将需要国家和江苏省乃至外方举办者的共同努力进行制度上的探索与创新。

第五章 江苏省高等学校的试分类

表 5-7　18 所高校的相关分类指标（2017 年）

高校名称	在校研本比	学术型研究生占比	在校博研比	正高职称占比	有博士学位教师占比	生师比	合格指标数
南京大学	1.38	0.67	0.50	0.48	0.85	19.8	5
苏州大学	0.46	0.56	0.17	0.26	0.65	14.5	2
东南大学	0.96	0.61	0.28	0.28	0.82	14.6	5
南京航空航天大学	0.50	0.65	0.22	0.28	0.74	18.2	4
南京理工大学	0.62	0.60	0.19	0.25	0.77	16.2	4
中国矿业大学	0.35	0.62	0.21	0.22	0.72	19.5	2
南京工业大学	0.26	0.57	0.11	0.22	0.59	18.7	0
河海大学	0.59	0.67	0.30	0.22	0.67	19.0	4
江南大学	0.35	0.57	0.17	0.21	0.61	16.5	0
南京林业大学	0.24	0.59	0.25	0.20	0.57	19.3	1
江苏大学	0.34	0.56	0.14	0.20	0.60	14.8	0
南京信息工程大学	0.18	0.71	0.20	0.18	0.65	13.7	2
南京农业大学	0.53	0.72	0.26	0.27	0.71	19.7	5
南京医科大学	0.46	0.49	0.14	0.32	0.60	15.2	1
南京中医药大学	0.30	0.47	0.18	0.18	0.54	17.3	0
中国药科大学	0.36	0.75	0.24	0.17	0.62	17.9	1
南京师范大学	0.51	0.65	0.15	0.30	0.65	17.8	4
扬州大学	0.28	0.47	0.09	0.22	0.61	16.1	0
"985 工程"高校/参考值	0.74/0.50	0.60	0.41/0.25	0.32/0.25	0.65	18.0	
合格高校数	7.00	10.00	5.00	8.00	10.00	11.0	

注：合格指标数仅统计前五项指标，生师比仅供参考而不予统计。

资料来源：洪流,汪霞,杨树兵,汪雅霜,孙俊华,周寅.江苏省研究生教育质量报告 2018[M].南京：南京大学出版社,2018:1-50.

综上分析可知,江苏省高等学校中,有研究型高校 9 所（占 5.40%,含中外合作办学高校）,应用型高校 68 所（占 40.72%）,职业技能型高校 90 所（53.89%）。

二、按学科(专业)情况的分类

为了按照学科覆盖情况,将江苏省高等学校归为综合类、多科类和特色类三种类型之一,本研究对各高校的学科覆盖情况进行了统计(表5-8、表5-9)。统计分析资料的主要来源是各个高校官网介绍、教学机构(院系)和招生专业介绍等。

由表5-8可知,江苏省本科院校中各类学科(专业)开设院校数量较多的依次是工学(72所)、管理学(72所)、经济学(64所)、理学(61)、文学(58所)、艺术学(54所)和法学(44所);专科院校中各类专业开设院校数量较多的依次是工学(74所)、管理学(67所)、艺术学(57所)、经济学(46所)。从中可见,江苏省高校人文社科类学科(专业)开设数量较多,这与这类专业办学成本低、短期社会需求旺盛以及可以快速扩张办学规模等因素有关。[①]

表5-8 江苏省本科院校和专科院校的学科门类覆盖情况

学科门类	本科院校数(所)	占比(%)	高职高专数(所)	占比(%)
哲学	13	16.88	0	0
经济学	64	83.12	46	52.27
法学	44	57.14	3	3.41
教育学	35	45.45	18	20.45
文学	58	75.32	24	27.27
历史学	12	15.58	1	1.14
理学	61	79.22	12	13.64
工学	72	93.51	74	84.09
农学	12	15.58	8	9.09
医学	23	29.87	3	3.41
管理学	72	93.51	67	76.14
艺术学	54	70.13	57	64.77

资料来源:根据各高校官方网站、教学机构、招生专业介绍等资料整理。

---

① 宗晓华,孙俊华,张红霞.构建高职院校良性竞争的财政制度基础[J].职业技术教育,2012,33(10):44-48.

由表 5-9 可知,江苏省本科院校中综合类(多于 7 个学科门类)的有 40 所,占本科院校的 52.0%;多科类(3~6 个学科门类)有 34 所,占本科院校的 44.2%;特色类(1~2 个学科门类)仅有 3 所,且均为应用型高校。

表 5-9 江苏省本科院校和专科院校的学科门类数分布情况

学科门类数	本科院校数(所)	占比(%)	学科门类数	高职高专数(所)	占比(%)
1	1	1.3	1	12	13.3
2	2	2.6	2	11	12.2
3	1	1.3	3	15	16.7
4	5	6.5	4	28	31.1
5	16	20.8	5	18	20.0
6	12	15.6	6	3	3.3
7	13	16.9	7	3	3.3
8	9	11.7			
9	8	10.4			
10	7	9.1			
11	1	1.3			
12	2	2.6			

资料来源:根据各高校官方网站、教学机构、招生专业介绍等资料整理。

江苏省高职高专中综合类的院校仅有 3 所,占高职高专的 3.3%;多科类院校有 64 所,占高职高专的 71.1%;特色类院校有 23 所,占高职高专的 25.6%。

作为博士授权单位的高校,研究型高校一般都具有较广的学科覆盖面,而且部分学科具有很强的竞争力。由表 5-10 可知,归类于"研究型"的 7 所高校,所覆盖的学科门类均高于 6 个(按照 12 个学科门类统计),即可以归为"综合类"。

但从学科发展潜力来看,南京航空航天大学、南京理工大学、河海大学和南京师范大学的 ESI 前 1‰ 学科不超过 5 个,第四次学科评估中评估等级为 A 类的学科所占比例较低。同时,结合各高校发展规划中的定位,可以引导南京航空航天大学、南京理工大学、河海大学、南京农业大学和南京师范大学建设"多科类"研究型高校。所以在最终的综合多维分类结果中,这 5 所高校被归为"多科类"。

江苏省高等学校按学科覆盖情况的分类结果如附表5所示。总体而言，研究型高校、应用型高校以综合类和多科类为主，而职业技能型高校以多科类和特色类为主。

表5-10　18所高校的学科(门类)覆盖和学科发展潜力分析表

高校名称	一级学科	ESI前1%	A类	B类	A类占比	12门类	7门类
南京大学	41	16	21	17	0.51%	11	6
东南大学	28	11	12	15	0.43%	10	6
南京航空航天大学	24	4	3	13	0.13%	8	5
南京理工大学	27	4	2	14	0.07%	9	5
河海大学	25	3	3	13	0.12%	9	6
南京农业大学	16	7	7	5	0.44%	10	7
南京师范大学	25	5	6	16	0.24%	12	7
苏州大学	41	9	2	25	0.05%	12	7
中国矿业大学	28	4	4	14	0.14%	8	5
南京工业大学	16	3	1	5	0.06%	7	7
江南大学	18	5	3	8	0.17%	10	7
南京林业大学	9	—	3	0	0.33%	9	6
江苏大学	30	5	1	9	0.03%	10	6
南京信息工程大学	12	3	1	4	0.08%	4	4
南京医科大学	6	7	1	5	0.17%	6	5
南京中医药大学	6	—	3	2	0.50%	2	2
中国药科大学	4	3	1	1	0.25%	5	5
扬州大学	25	6	1	7	0.04%	12	7

注：ESI前1%是指在ESI中排名在前1%的学科数，A类和B类是指在第四次学科评估中评估结果为A类和B类的学科数量。

第六章

研究结论与对策建议

一、基本研究发现

1.关于高等学校分类体系的比较

通过对国外高校分类体系的分析可知,国际教育标准分类的依据是人才培养的学历层次与培养方法,而描述性分类的卡内基高等教育机构分类(2015版)和欧洲 U-Map 分类均是从包括人才培养等多个维度刻画高等学校的办学特征,法、德、英、俄基于人才培养、学科和发展历史来构建分类体系,日、韩基于经费来源、人才培养、科学研究等维度设计行政管理分类。而加州高等教育总体规划则是规定性分类,从招生、转学、人才培养、科学研究等维度确定了三个高校的发展定位。

通过对国内相关研究以及省域高校分类的归纳比较可知,国内和省域高校分类体系,包括大量的理论研究成果,大致可以归结为三分法、四分法、多分法和层类组合法。划分标准多参考借鉴了卡内基高等教育机构分类法或国际教育标准分类的方法,选择了办学层次、学科专业覆盖面、人才培养定位、基本社会功能或职能定位、科研经费投入强度等分类标准。高校类型命名的前缀多使用高校办学类型或层次、学位授予、办学区域或使命以及举办者或行政管理隶属关系。高等教育行政管理人员、高校领导、专业研究人员以及社会机构(如高等教育评价或排名机构)是高等学校分类的主要研究或设计者。整体而言,尽管关于高等学校分类体系存在众多的方案和观点,但是在分类方案中,"三分法"得到的支持相对最多,高等教育的基本职能、学科覆盖面、人才培养定位和学位授予(教育层次)等标准被使用得最多,"研究型""教学型"这两个类型得到广泛的认可。此外,为了更好地刻画高等学校的发展特征,越来越多的研究采用了多维组合法,并且省域高校分类的维度多是三大职能(人才培养为主)和学科(专业)。

2.省域高校分类体系的构建

结合江苏省综合经济发展水平,本研究基于教育部《设置意见》所提出的国家高等学校研究型、应用型和职业技能型"三分法"的框架探讨省域高等学校分类体系。在借鉴现有研究成果的基础上,基于高校的三大职能并以人才培养为主,确定了"三分法"下三种类型高校的发展定位和分类/描述指标。在引入学科(门类)覆盖的维度后,构建了江苏省高等学校九宫格的基本分类架构。

在借鉴现有省域高等学校分类指标体系的基础上,通过对研究型、应用型和职业技能型高校典型特征的定性分析,结合测度的可行性,本研究选取了有关人才培养和师资队伍的6个分类指标。通过分析32所原"985工程"高校的相关指标,结合定性分析,确定了这6个分类指标的阈值。通过参考上海市和浙江省高等学校双维分类体系中有关学科覆盖指标的阈值设定,确定了综合类、多科类和特色类高校之间的分界点。

3.江苏省高校试分类结果

在对江苏省普通高等学校现状分析基础上,通过高校分类的内因(学校发展定位)和外因(外部归类)匹配、定性分析与定量分析相结合的分类过程,最终确定了江苏省167所普通高校的类型归属(表6-1):

表6-1 江苏省高等学校试分类结果总结

分类维度	综合类(Ⅰ) 39所	多科类(Ⅱ) 102所	特色类(Ⅲ) 26所
研究型(A) 9所	AⅠ型 4所	AⅡ型 5所	AⅢ型
应用型(B) 68所	BⅠ型 32所	BⅡ型 33所	BⅢ型 3所
职业技能型(C) 90所	CⅠ型 3所	CⅡ型 64所	CⅢ型 23所

江苏省研究型高校9所(占5.4%),应用型高校68所(占40.7%),职业技能型高校90所(53.9%)。

江苏省综合类高校39所(占23.4%),多科类102所(占61.1%),特色类26所(占15.6%)。

由多维综合分类结果来看,研究型高校、应用型高校以综合类和多科类为主,没有高校被归为省域高等学校类型中的特色(单科)研究型高校。而这与之前部分学者的看法是一致的。① 同时,职业技能型高校以多科类和特色类为主,综合类职业技能型高校数量很少(仅3所,江苏省联合职业技术学院由于其特殊性,暂归于此类)。

二、高校分类管理的配套措施

当前我国高等教育发展的关键任务是全面提升高等教育的质量,而优化高等教育的内部结构,建立高等学校分类体系,推进高校特色发展则是有力的抓手。《设置意见》非常重视高校分类管理体系的建立,提出要从"拨款标准、质量评估、人事管理、监测评价"等方面积极探索分类管理制度,充分发挥政府在资源配置和政策引导中的作用,推进多样化的高等学校各安其位、协调发展。因此,构建高校分类管理的配套体系势在必行。

(一)完善顶层设计,推进政策法规与机制体制建设

1.构建政府间的高等学校分类管理协同机制

一是中央政府与省级政府之间的协同。高等学校分类管理和分类指导工作的顺利开展,需要政府部门的政策法规来支撑。如果没有相应的政策法规出台,分类管理最后只能流于形式。政策的支持应当形成一个全面的、体系化的制度框架,需要进行较为长远的顶层设计。② 省域政府出台分类管理政策,必然要考虑国家的政策导向;而国家的框架设计与政策出台,也需要考虑省域间的差异。因此,江苏省要在《设置意见》框架的基础上,积极探索省域高等学校分类管理的工作办法,同时基于本省的实际为国家后续政策的出台提供经

---

① 潘懋元,吴玫.高等学校分类与定位问题[J].复旦教育论坛,2003(3):6-9;史秋衡,康敏.探索我国高等学校分类体系设计[J].中国高等教育,2017(2):42-43.

② 史秋衡.国家高校分类体系及其设置标准实证研究[M].北京:科学出版社,2016:187.

验依据。

二是政府不同部门之间的协同。对高校实行分类管理,只是教育管理系统中一项相对独立的工作,为了更好地发挥分类管理和分类引导的积极功能,需要与高校管理的其他各项工作联系起来,如规划部门、财政部门、人社部门等,通过完善教育管理体制保障资源配置和分类政策引导的有效性。

三是省市政府之间的协同。江苏省部分省辖市经济发展水平较高,财政支付能力较强,而且由于区域经济与社会发展的需要,积极参与和支持高等教育的发展。以无锡市为例,其高等院校数量、在校生规模等指标与其综合经济指标具有较大的差异,因此无锡市政府近年来不断增加市政府对高等学校的财政投入,极力扩大高等教育规模。而省市协同机制的建立,一方面有利于提升高等教育的投入,另一方面也有利于高等教育资源区域分布的调整和高校的发展转型,强化其服务地方的导向。同时,既有利于在满足地方发展,还能保持省域高等教育系统的协调有序。

2.做好高校分类发展规划的研制

立足本省实际,建立省域高等学校分类发展规划,确定各种类型高校的数量、规模和分布,对于引导或约束各类高校的发展非常重要。以研究型大学为例,通过规划文本的定性分析可知,江苏省有众多的高校将发展定位为"研究型高校"。这与江苏省原"211工程"院校数量较多(11所)、省属高校(扬州大学、江苏大学、南京工业大学等)综合实力较强有关。作为培养高层次精英人才和产生高水平、原创性科研成果的高等教育机构,研究型大学的发展需要充裕的教育经费投入,而这将限制一个国家/省域所能建设的研究型大学的数量。以美国为例,在2015版卡内基分类所囊括的7大类4665所高等教育机构中,研究型大学共有334所(占7.2%),其中"极高度研究型大学"仅有115所(占2.5%)。在我国国民经济发展水平和高等教育经费投入与美国还有一定的差距的情况下,测算并规划省域研究型大学建设的数量是非常必要的。而江苏高水平大学的发展有"高原"无"高峰",与此不无关联。

同时,独立学院转设、院校升格、高等教育机构新建等将会是江苏省高等教育系统发展与调试必然面临的问题。只有做好分类发展规划,才能保证江苏省高等教育系统的持续有序发展。例如,在"十三五"规划中明确提出"升本"诉求的高职高专就有10所。

此外,通过发展规划,引导不同类型高校之间的系统发展。由于高校类型

第六章
研究结论与对策建议

不同,承担的使命不同,发展水平不同,通过实施高校对口支援计划或协同发展计划,可以促进不同层次、不同类型、不同类别高等学校协调发展,盘活江苏高教资源,提升高等教育办学效益。

(二)改革人才培养模式,实现高校转型发展

在高校从"千校一路"学习研究型高校向"千校多路"的转型中,人才培养模式改革尤其是应用型人才培养模式改革是关键。课程改革则是高校转型发展的核心。每所高等学校在履行人才培养这一主体职能上的侧重点往往有所不同,而且其办学历史和发展实际条件也千差万别,因此要积极引导高校基于自身实际来确定人才培养定位和培养规格,在此基础上,方能制定出科学合理的人才培养方案。同时,为了提升人才培养的质量,引导高校创新人才培养模式,持续优化课程体系和教学内容,要积极推进高校人才培养模式的多元化,形成面向省域的多学科、多层次、多类型的人才培养体系。注意区分学术学位研究生和专业学位研究生的培养定位并实施分类培养,构建注重科学探索和创新能力的学术学位研究生培养模式以及注重提升职业素养的专业学位研究生培养模式。

同时,师资是人才培养质量的基础。但是对江苏省高校师资队伍的分析表明,有为数不少的高校生师比甚至不满足最低要求(18)。以高职高专为例,按公开披露的教职工人数计算的生师比高于18的有13所,按照教职工人数1.5倍(按照规定,兼职教师数不得超过全职教师的50%)计算的生师比高于18的有9所。因此,通过制度创新、提升待遇和完善教师发展环境,加强师资队伍建设,是推动高校发展转型,提升高等教育质量不可忽视的一环。

(三)探索分类拨款机制,引导高等院校学科专业建设

高等教育质量的提升和区域经济转型发展,需要高等学校基于省域经济社会发展战略规划以及各产业部门转型调整的需要,积极关注区域重点发展的新兴产业、支柱产业和特色产业的人才需求,确立或调整办学定位,制定系统的发展规划,确定学科专业建设的重点和着力点,调整和优化学科专业结构。

从江苏高校学科(专业)分布可知,人文社科类专业存在重复建设现象非常严重。其中不乏"红牌"和"黄牌"专业,这必然会影响最终的毕业生就业质

量。在2011年"江苏高等学校分类体系"课题组的研究中,就已经指出这一问题。① 现行的财政拨款模式必然诱致各类院校密集地设置低成本专业。在专业之间学费差异不大的情况下,不考虑专业培养成本差异的财政拨款模式,必然会诱致高职院校增加培养成本较低的专业,减少培养成本较高的专业,甚至削减某些培养成本较高专业的部分成本构成项目,最终导致人才培养结构和质量不能满足区域经济社会发展的需求。

科学合理的高等学校分类拨款机制,是让各类高校各安其类、错位竞争的前提。各国高等教育发展的历史显示,在高等教育大众化的过程中,高等学校规模的快速扩张中容易让其迷失自身的发展定位而出现盲目追求升格、升等,进而打破高等教育系统的内部平衡,出现无序竞争的局面。究其原因,是为了寻求稀缺的发展资源,如生源、招生名额、学位授权点、办学经费等。而建立基于培养成本和办学质量的分类拨款机制,将能保障各类高校的办学经费来源,从而在一定程度上避免高校之间的无序竞争。

而高等学校分类拨款机制的建立,则需要核定各类高校的生均经费/培养成本、生均财政拨款基准以及动态调整基准,以便根据经济社会发展水平确定生均财政拨款基准的稳步提高。同时,要分类核定专项经费额度,引入竞争机制,强化对高等院校发展的分类引导。参考各国办学绩效评价的实践,建立办学绩效评价制度,核定高校专项经费分类拨款基准,构建基于办学绩效评价的动态调整机制。此外,要综合考虑支付能力和教育需求,实施调整高校分类收费标准,在条件成熟的情况下探索有差别的高等教育收费政策。

(四)构建高校分类评估体系,促进高校多元发展

一是构建多元评估制度。作为分类拨款的基础,对于高校的绩效评估是相关政策有效实施的基础。每所高校都有其特殊的历史传统和现实发展基础,因此评估指标设计应当体现不同类型高校或学科的特点,实现评估指标的多元化。② 表6-2是基于分类评估构建的星级评估体系。所谓星级评估体系,

---

① 宗晓华,孙俊华,张红霞.构建高职院校良性竞争的财政制度基础[J].职业技术教育,2012,33(10):44-48.

② 孙俊华.我国高校"双一流"建设的制度积淀与发展思路[J].厦门大学学报(哲学社会科学版),2017(6):17-24.

是指在整体评估框架一致的情况下,针对不同类型的高校,选择不同的评估指标,而且评估指标的权重也会有所不同。

二是完善评估配套制度。分类评估结果可以与绩效问责、奖惩制度和绩效拨款等制度项挂钩,以提高高校的积极性。这就需要加强分类评估结果的反馈与披露,将评价的发展性功能充分发挥出来。同时,构建高等学校分类发展咨询服务体系,按类按项建立高校联盟和专家咨询委员会,按类按项建立高等学校咨询专家库,积极推进特色办学水平和自主办学能力的发展和提高。基于此,提高各个高校参与分类评估的积极性,培育高校的质量文化,从而更好地提升院校质量。

三是正确认识和引导高校排名。作为高等教育的热点问题,大学排行榜对大学的发展产生了一定的影响。大学排名具有两面性,如果加以正确引导,则能让社会全面看待高等教育的发展,为高校的分类发展、错位竞争创造社会推动力。要积极引导有关机构建立功能不同的多维排名系统,向社会提供多样化的比较信息,以便建立更为理性的认识。①

表6-2 江苏高等学校分类框架和评估指标体系(示例)

评估指标		研究型高校	应用型高校	职业技能型高校
投入指标(共18个)				
人力投入	1.生师比	★★★★★	★★★★★	★★★★★
	2.生员比	★★★★★	★★★★★	★★★★★
	3.博士学位专任教师数	★★★★★	★★★	★★
	4.拥有海外学习经历三个月及以上教师数	★★★★★	★★★	★★★
	5.境外获得博士学位专任教师数	★★★★★	★★	★
	6.研究与发展人员数	★★★★★	★★	△
	7.领军人才	★★★★★	★★★★★	★★★★★

---

① 孙俊华.我国高校"双一流"建设的制度积淀与发展思路[J].厦门大学学报(哲学社会科学版),2017(6):17-24.

续表

	评估指标	研究型高校	应用型高校	职业技能型高校
财力投入	8.教育经费投入	★★★★★	★★★★★	★★★★★
	9.纵向科研经费	★★★★★	★★★	★★
	10.横向科研经费	★★★	★★★★★	★★★★
	11.国际合作项目经费	★★★★★	△	△
	12.其他经费	★★★	★★★	★★★
物力投入	13.国家重点实验室数	★★★★★	★★★	△
	14.省部级重点实验室数	★★★	★★★★	△
	15.实习场所面积	★★★★	★★★★★	★★★★★
	16.图书馆面积	★★★★★	★★★★★	★★★★★
	17.图书册数	★★★★★	★★★★★	★★★★★
	18.教室面积	★★★★★	★★★★★	★★★★★

产出指标(共25个)

	评估指标	研究型高校	应用型高校	职业技能型高校
教学产出	19.在校生数	★★★★	★★★★	★★★★
	20.在校留学生数	★★★★★	★★★	△
	21.国家级规划教材数	★★★★★	△	△
	22.省级规划教材数	△	★★★★★	★★★★★
	23.国家级精品课程	★★★★★	△	△
	24.省级精品课程	△	★★★★★	★★★★★
	25.出版专著数	★★★★★	★★	★★
	26.国家级特色专业数	★★★★★	★★★	△
	27.省级特色专业数	△	★★★★★	★★★★★
	28.省优势学科数	★★★★★	★★★	△
	29.ESI前1%学科数	★★★★★	△	△
	30.国家级教学成果奖	★★★★★	★★★★★	★★★★★
	31.省级教学成果奖	★★★★	★★★★★	★★★★★

续表

	评估指标	研究型高校	应用型高校	职业技能型高校
科研产出	32.Science、Nature、Cell论文数	★★★★★	△	△
	33.SCI论文数	★★★★★	★★	△
	34.SSCI、A&HCI论文数	★★★★★	★★	△
	35.CSSCI论文数	★★★★★	★★	△
	36.EI论文数	★★	★★	△
	37.国家级科技成果奖	★★★★★	△	△
	38.省部级科技成果奖	★★★★★	△	△
社会服务产出	39.研究报告采纳数	★★★★★	★★★★★	★★★★★
	40.社会培训数	★★★	★★★★★	★★★★★
	41.技术转让当年实际收入金额	★★★★★	★★★★★	★★★★★
	42.专利出售当年实际收入金额	★★★★	★★★★★	★★★★
	43.职业技能鉴定数	△	★★★★★	★★★★★

注：△表示不适用，★多少代表重要性程度或权重。表中指标仅作为示例之用。

附表

附表1 32所"985工程"高校人才培养和师资队伍情况表

高校名称	本科在校生（人）	硕士在校生（人）	博士在校生（人）	在校生研本比	在校生博硕比	专任教师数（人）	正高职称数（人）	正高职称占比（%）	生师比
北京大学	14837	14938	9937	1.68	0.67	3266	1411	43	17.49
中国人民大学	11257	8674	3752	1.10	0.43	1836	612	33	17.31
清华大学	14263	10298	9596	1.39	0.93	3398	1385	41	14.39
中国农业大学	11399	4313	3013	0.64	0.70	1613	563	35	14.81
北京师范大学	9901	8779	3670	1.26	0.42	1997	822	41	15.23
南开大学	13517	8129	3304	0.85	0.41	1997	728	36	16.18
天津大学	16285	10579	3588	0.87	0.34	2499	686	27	16.11

附表1
32所"985工程"高校人才培养和师资队伍情况表

续表

高校名称	本科在校生（人）	硕士在校生（人）	博士在校生（人）	在校生研本比	在校生博硕比	专任教师数（人）	正高职称数（人）	正高职称占比（%）	生师比
大连理工大学	23606	10672	4138	0.63	0.39	2255	658	29	21.24
东北大学	29428	7073	3445	0.36	0.49	2655	528	20	17.68
吉林大学	42240	16877	7514	0.58	0.45	4823	1576	33	17.46
复旦大学	12176	11150	5779	1.39	0.52	2575	1016	39	15.99
同济大学	17474	13812	4524	1.05	0.33	2770	930	34	17.05
上海交通大学	16188	13841	6506	1.26	0.47	2793	890	32	17.89
华东师范大学	13970	9258	2825	0.86	0.31	2158	637	30	15.62
南京大学	13583	10865	5335	1.19	0.49	2180	992	46	18.60
东南大学	16545	10965	3476	0.87	0.32	2737	742	27	14.59
浙江大学	23897	14289	9153	0.98	0.64	3562	1498	42	17.87
厦门大学	19212	11420	3050	0.75	0.27	2758	863	31	15.39
山东大学	40822	13894	4090	0.44	0.29	4213	1174	28	16.58

续表

高校名称	本科在校生（人）	硕士在校生（人）	博士在校生（人）	在校生研本比	在校生博硕比	专任教师数（人）	正高职称数（人）	正高职称占比（%）	生师比
中国海洋大学	15424	7130	1797	0.58	0.25	1656	487	29	17.94
武汉大学	31086	16426	6785	0.75	0.41	3747	1275	34	18.91
华中科技大学	30770	16339	6687	0.75	0.41	3287	1037	32	21.17
湖南大学	20397	12323	2733	0.74	0.22	1864	479	26	23.79
中南大学	34133	14699	6087	0.61	0.41	3249	892	27	21.04
中山大学	32660	12871	5338	0.56	0.41	3501	1283	37	17.89
华南理工大学	24895	11185	3014	0.57	0.27	2706	738	27	17.63
重庆大学	27041	12149	2846	0.55	0.23	2811	713	25	18.13
四川大学	37654	16496	5567	0.59	0.34	4366	1298	30	16.84
电子科技大学	21346	10759	1947	0.60	0.18	2425	500	21	17.06
西安交通大学	16453	10787	4960	0.96	0.46	3006	830	28	14.16

附表1
32所"985工程"高校人才培养和师资队伍情况表

续表

高校名称	本科在校生（人）	硕士在校生（人）	博士在校生（人）	在校生研本比	在校生博硕比	专任教师数（人）	正高职称数（人）	正高职称占比（%）	生师比
西北农林科技大学	21521	5604	1806	0.34	0.32	2071	472	23	16.19
兰州大学	20394	8839	2101	0.54	0.24	2025	423	21	18.69
合计	694374	365433	148363	0.74	0.41	88799	28138	32	17.40

注：生师比计算中，本科生、硕士生和博士生按照1、1.5和2的权重进行加权求和。
资料来源：《教育部直属高校2015基本情况统计资料汇编》。

附表 2 江苏省高校基本情况

序号	高校识别码	高校名称	主管部门	所在地	办学层次	备注	研究生培养
1	4132010284	南京大学	教育部	南京市	本科	原"985工程"高校/原"211工程"高校/一流大学建设高校	博士学位授予单位
2	4132010285	苏州大学	江苏省	苏州市	本科	原"211工程"高校/一流学科建设高校	博士学位授予单位
3	4132010286	东南大学	教育部	南京市	本科	原"985工程"高校/原"211工程"高校/一流大学建设高校	博士学位授予单位
4	4132010287	南京航空航天大学	工业和信息化部	南京市	本科	原"211工程"高校/一流学科建设高校	博士学位授予单位
5	4132010288	南京理工大学	工业和信息化部	南京市	本科	原"211工程"高校/一流学科建设高校	博士学位授予单位

附表2 江苏省高校基本情况

续表

序号	高校识别码	高校名称	主管部门	所在地	办学层次	备注	研究生培养
6	4132010289	江苏科技大学	江苏省	镇江市	本科		博士学位授予单位
7	4132010290	中国矿业大学	教育部	徐州市	本科	原"211工程"高校/一流学科建设高校	博士学位授予单位
8	4132010291	南京工业大学	江苏省	南京市	本科	江苏高水平大学建设高校	博士学位授予单位
9	4132010292	常州大学	江苏省	常州市	本科		博士学位授予单位（2017年增列）
10	4132010293	南京邮电大学	江苏省	南京市	本科	一流学科建设高校	博士学位授予单位
11	4132010294	河海大学	教育部	南京市	本科	原"211工程"高校/一流学科建设高校	博士学位授予单位
12	4132010295	江南大学	教育部	无锡市	本科	原"211工程"高校/一流学科建设高校	博士学位授予单位
13	4132010298	南京林业大学	江苏省	南京市	本科	一流学科建设高校	博士学位授予单位
14	4132010299	江苏大学	江苏省	镇江市	本科	江苏高水平大学建设高校	博士学位授予单位

续表

序号	高校识别码	高校名称	主管部门	所在地	办学层次	备注	研究生培养
15	4132010300	南京信息工程大学	江苏省	南京市	本科	一流学科建设高校	博士学位授予单位
16	4132010304	南通大学	江苏省	南通市	本科	江苏高水平大学建设高校	博士学位授予单位
17	4132010305	盐城工学院	江苏省	盐城市	本科		硕士学位授予单位（2017年增列）
18	4132010307	南京农业大学	教育部	南京市	本科	原"211工程"高校/一流学科建设高校	博士学位授予单位
19	4132010312	南京医科大学	江苏省	南京市	本科	江苏高水平大学建设高校	博士学位授予单位
20	4132010313	徐州医科大学	江苏省	徐州市	本科		博士学位授予单位
21	4132010315	南京中医药大学	江苏省	南京市	本科	一流学科建设高校	博士学位授予单位
22	4132010316	中国药科大学	教育部	南京市	本科	原"211工程"高校/一流学科建设高校	博士学位授予单位
23	4132010319	南京师范大学	江苏省	南京市	本科	原"211工程"高校/一流学科建设高校	博士学位授予单位

附表2 江苏省高校基本情况

续表

序号	高校识别码	高校名称	主管部门	所在地	办学层次	备注	研究生培养
24	4132010320	江苏师范大学	江苏省	徐州市	本科	江苏高水平大学建设高校	博士研究生培养单位（服务国家特需项目）
25	4132010323	淮阴师范学院	江苏省	淮安市	本科		
26	4132010324	盐城师范学院	江苏省	盐城市	本科		
27	4132010327	南京财经大学	江苏省	南京市	本科		博士研究生培养单位（服务特需项目）
28	4132010329	江苏警官学院	江苏省	南京市	本科		
29	4132010330	南京体育学院	江苏省	南京市	本科		硕士学位授予单位
30	4132010331	南京艺术学院	江苏省	南京市	本科		博士学位授予单位
31	4132010332	苏州科技大学	江苏省	苏州市	本科		硕士学位授予单位
32	4132010333	常熟理工学院	江苏省	苏州市	本科		

续表

序号	高校识别码	高校名称	主管部门	所在地	办学层次	备注	研究生培养
33	4132011049	淮阴工学院	江苏省	淮安市	本科		硕士研究生培养单位（服务国家特需项目）
34	4132011055	常州工学院	江苏省	常州市	本科		
35	4132011117	扬州大学	江苏省	扬州市	本科	江苏高水平大学建设高校	博士学位授予单位
36	4132011122	三江学院	江苏省教育厅	南京市	本科		
37	4132011276	南京工程学院	江苏省	南京市	本科		硕士研究生培养单位（服务国家特需项目）
38	4132011287	南京审计大学	江苏省	南京市	本科		硕士学位授予单位
39	4132011460	南京晓庄学院	江苏省	南京市	本科		
40	4132011463	江苏理工学院	江苏省	常州市	本科		硕士研究生培养单位（服务国家特需项目）

附表2
江苏省高校基本情况

续表

序号	高校识别码	高校名称	主管部门	所在地	办学层次	备注	研究生培养
41	4132011641	淮海工学院	江苏省	连云港市	本科		硕士学位授予单位
42	4132011998	徐州工程学院	江苏省	徐州市	本科		
43	4132012048	南京特殊教育师范学院	江苏省	南京市	本科		
44	4132012056	南通理工学院	江苏省教育厅	南通市	本科		
45	4132012213	南京森林警察学院	国家林业局	南京市	本科		
46	4132012689	东南大学成贤学院	江苏省教育厅	南京市	本科	独立学院	
47	4132012917	泰州学院	江苏省	泰州市	本科		
48	4132013571	无锡太湖学院	江苏省教育厅	无锡市	本科		
49	4132013573	金陵科技学院	江苏省	南京市	本科		

续表

序号	高校识别码	高校名称	主管部门	所在地	办学层次	备注	研究生培养
50	4132013579	中国矿业大学徐海学院	江苏省教育厅	徐州市	本科		独立学院
51	4132013646	南京大学金陵学院	江苏省教育厅	南京市	本科		独立学院
52	4132013654	南京理工大学紫金学院	江苏省教育厅	南京市	本科		独立学院
53	4132013655	南京航空航天大学金城学院	江苏省教育厅	南京市	本科		独立学院
54	4132013687	中国传媒大学南广学院	江苏省教育厅	南京市	本科		独立学院
55	4132013842	南京理工大学泰州科技学院	江苏省教育厅	泰州市	本科		独立学院
56	4132013843	南京师范大学泰州学院	江苏省教育厅	泰州市	本科		独立学院
57	4132013905	南京工业大学浦江学院	江苏省教育厅	南京市	本科		独立学院

附表2
江苏省高校基本情况

续表

序号	高校识别码	高校名称	主管部门	所在地	办学层次	备注	研究生培养
58	4132013906	南京师范大学中北学院	江苏省教育厅	南京市	本科		独立学院
59	4132013980	南京医科大学康达学院	江苏省教育厅	连云港市	本科		独立学院
60	4132013981	南京中医药大学翰林学院	江苏省教育厅	泰州市	本科		独立学院
61	4132013982	南京信息工程大学滨江学院	江苏省教育厅	南京市	本科		独立学院
62	4132013983	苏州大学文正学院	江苏省教育厅	苏州市	本科		独立学院
63	4132013984	苏州大学应用技术学院	江苏省教育厅	苏州市	本科		独立学院
64	4132013985	苏州科技大学天平学院	江苏省教育厅	苏州市	本科		独立学院
65	4132013986	江苏大学京江学院	江苏省教育厅	镇江市	本科		独立学院

| 133

续表

序号	高校识别码	高校名称	主管部门	所在地	办学层次	备注	研究生培养
66	4132013987	扬州大学广陵学院	江苏省教育厅	扬州市	本科		独立学院
67	4132013988	江苏师范大学科文学院	江苏省教育厅	徐州市	本科		独立学院
68	4132013989	南京邮电大学通达学院	江苏省教育厅	扬州市	本科		独立学院
69	4132013990	南京财经大学红山学院	江苏省教育厅	镇江市	本科		独立学院
70	4132013991	江苏科技大学苏州理工学院	江苏省教育厅	张家港市	本科		独立学院
71	4132013992	常州大学怀德学院	江苏省教育厅	泰州市	本科		独立学院
72	4132013993	南通大学杏林学院	江苏省教育厅	南通市	本科		独立学院
73	4132013994	南京审计大学金审学院	江苏省教育厅	南京市	本科		独立学院

附表2
江苏省高校基本情况

续表

序号	高校识别码	高校名称	主管部门	所在地	办学层次	备注	研究生培养
74	4132014160	宿迁学院	江苏省教育厅	宿迁市	本科		
75	4132014436	江苏第二师范学院	江苏省	南京市	本科		
76	4132016403	西交利物浦大学	江苏省教育厅	苏州市	本科		
77	4132016406	昆山杜克大学	江苏省教育厅	昆山市	本科		
78	3632000466	盐城幼儿师范高等专科学校	江苏省	盐城市	专科		
79	3632000583	苏州幼儿师范高等专科学校	江苏省	苏州市	专科		
80	4132010826	明达职业技术学院	江苏省教育厅	盐城市	专科		
81	4132010848	无锡职业技术学院	江苏省	无锡市	专科	国家示范性高等职业院校（首批2006年）	

续表

序号	高校识别码	高校名称	主管部门	所在地	办学层次	备注	研究生培养
82	4132010849	江苏建筑职业技术学院	江苏省	徐州市	专科	国家示范性高等职业院校（第三批 2008 年）	
83	4132010850	南京工业职业技术学院	江苏省	南京市	专科	国家示范性高等职业院校（首批 2006 年）	
84	4132010958	江苏工程职业技术学院	江苏省	南通市	专科	国家示范性高等职业院校（第三批 2008 年）	
85	4132010960	苏州工艺美术职业技术学院	江苏省	苏州市	专科	国家骨干高等职业院校（2011 年）	
86	4132011050	连云港职业技术学院	江苏省	连云港市	专科		
87	4132011051	镇江市高等专科学校	江苏省	镇江市	专科		
88	4132011052	南通职业大学	江苏省	南通市	专科	江苏省级示范性高职院校	
89	4132011054	苏州职业大学	江苏省	苏州市	专科		
90	4132011288	沙洲职业工学院	江苏省	苏州市	专科		

附表2
江苏省高校基本情况

续表

序号	高校识别码	高校名称	主管部门	所在地	办学层次	备注	研究生培养
91	4132011462	扬州市职业大学	江苏省	扬州市	专科		
92	4132011585	连云港师范高等专科学校	江苏省	连云港市	专科		
93	4132012047	江苏经贸职业技术学院	江苏省	南京市	专科	国家骨干高等职业院校（2012年）	
94	4132012054	九州职业技术学院	江苏省教育厅	徐州市	专科		
95	4132012078	硅湖职业技术学院	江苏省教育厅	苏州市	专科		
96	4132012106	泰州职业技术学院	江苏省	泰州市	专科		
97	4132012317	常州信息职业技术学院	江苏省	常州市	专科	国家示范性高等职业院校（第二批 2007年）	
98	4132012678	江苏联合职业技术学院	江苏省	南京市	专科		
99	4132012679	江苏海事职业技术学院	江苏省	南京市	专科		

续表

序号	高校识别码	高校名称	主管部门	所在地	办学层次	备注	研究生培养
100	4132012680	应天职业技术学院	江苏省教育厅	南京市	专科		
101	4132012681	无锡科技职业学院	江苏省	无锡市	专科		
102	4132012682	江苏医药职业学院	江苏省	盐城市	专科		
103	4132012683	扬州环境资源职业技术学院	江苏省	扬州市	专科		
104	4132012684	南通科技职业学院	江苏省	南通市	专科		
105	4132012685	苏州经贸职业技术学院	江苏省	苏州市	专科		
106	4132012686	苏州工业职业技术学院	江苏省	苏州市	专科		
107	4132012687	苏州托普信息职业技术学院	江苏省教育厅	苏州市	专科		
108	4132012688	苏州卫生职业技术学院	江苏省	苏州市	专科		

附表 2
江苏省高校基本情况

续表

序号	高校识别码	高校名称	主管部门	所在地	办学层次	备注	研究生培养
109	4132012702	无锡商业职业技术学院	江苏省	无锡市	专科	江苏省级示范性高职院校	
110	4132012703	南通航运职业技术学院	江苏省	南通市	专科	国家骨干高等职业院校（2010年）	
111	4132012804	南京交通职业技术学院	江苏省	南京市	专科	江苏省级示范性高职院校	
112	4132012805	淮安信息职业技术学院	江苏省	淮安市	专科		
113	4132012806	江苏农牧科技职业技术学院	江苏省	泰州市	专科	国家骨干高等职业院校（2010年）	
114	4132012807	常州纺织服装职业技术学院	江苏省	常州市	专科		
115	4132012808	苏州农业职业技术学院	江苏省	苏州市	专科	江苏省级示范性高职院校	
116	4132012809	苏州工业园区职业技术学院	江苏省	苏州市	专科	国家示范性高等职业院校（第二批 2007 年）	
117	4132012918	太湖创意职业技术学院	江苏省教育厅	无锡市	专科		

续表

序号	高校识别码	高校名称	主管部门	所在地	办学层次	备注	研究生培养
118	4132012919	炎黄职业技术学院	江苏省教育厅	淮安市	专科		
119	4132012920	南京科技职业学院	江苏省教育厅	南京市	专科	国家骨干高等职业院校（2011年）	
120	4132012921	正德职业技术学院	江苏省教育厅	南京市	专科		
121	4132012922	钟山职业技术学院	江苏省教育厅	南京市	专科		
122	4132012923	无锡南洋职业技术学院	江苏省教育厅	无锡市	专科		
123	4132013017	江南影视艺术职业学院	江苏省教育厅	无锡市	专科		
124	4132013100	金肯职业技术学院	江苏省教育厅	南京市	专科		
125	4132013101	常州轻工职业技术学院	江苏省	常州市	专科		

附表 2
江苏省高校基本情况

续表

序号	高校识别码	高校名称	主管部门	所在地	办学层次	备注	研究生培养
126	4132013102	常州工程职业技术学院	江苏省	常州市	专科		
127	4132013103	江苏农林职业技术学院	江苏省	镇江市	专科	国家示范性高等职业院校（第二批）	
128	4132013104	江苏食品药品职业技术学院	江苏省	淮安市	专科	国家骨干高等职业院校（2012年）	
129	4132013105	建东职业技术学院	江苏省教育厅	常州市	专科		
130	4132013106	南京铁道职业技术学院	江苏省	南京市	专科	江苏省级示范性高职院校	
131	4132013107	徐州工业职业技术学院	江苏省	徐州市	专科		
132	4132013108	江苏信息职业技术学院	江苏省	无锡市	专科		
133	4132013110	宿迁职业技术学院	江苏省	宿迁市	专科		
134	4132013112	南京信息职业技术学院	江苏省	南京市	专科	国家骨干高等职业院校（2012年）	

续表

序号	高校识别码	高校名称	主管部门	所在地	办学层次	备注	研究生培养
135	4132013113	江海职业技术学院	江苏省教育厅	扬州市	专科		
136	4132013114	常州机电职业技术学院	江苏省	常州市	专科	国家骨干高等职业院校（2011年）	
137	4132013137	江阴职业技术学院	江苏省	无锡市	专科		
138	4132013748	无锡城市职业技术学院	江苏省	无锡市	专科		
139	4132013749	无锡工艺职业技术学院	江苏省	无锡市	专科		
140	4132013750	金山职业技术学院	江苏省教育厅	镇江市	专科		
141	4132013751	苏州健雄职业技术学院	江苏省	苏州市	专科		
142	4132013752	盐城工业职业技术学院	江苏省	盐城市	专科		
143	4132013753	江苏财经职业技术学院	江苏省	淮安市	专科		

附表2
江苏省高校基本情况

续表

序号	高校识别码	高校名称	主管部门	所在地	办学层次	备注	研究生培养
144	4132013754	扬州工业职业技术学院	江苏省	扬州市	专科		
145	4132013962	苏州百年职业学院	江苏省教育厅	苏州市	专科		
146	4132013963	昆山登云科技职业学院	江苏省教育厅	苏州市	专科		
147	4132013964	南京视觉艺术职业学院	江苏省教育厅	南京市	专科		
148	4132014000	江苏城市职业学院	江苏省	南京市	专科		
149	4132014001	南京城市职业学院	江苏省	南京市	专科		
150	4132014056	南京机电职业技术学院	江苏省	南京市	专科		
151	4132014163	苏州高博软件技术职业学院	江苏省教育厅	苏州市	专科		
152	4132014180	南京旅游职业学院	江苏省	南京市	专科		

续表

序号	高校识别码	高校名称	主管部门	所在地	办学层次	备注	研究生培养
153	4132014255	江苏卫生健康职业学院	江苏省	南京市	专科		
154	4132014256	苏州信息职业技术学院	江苏省	苏州市	专科		
155	4132014293	宿迁泽达职业技术学院	江苏省教育厅	宿迁市	专科		
156	4132014295	苏州工业园区服务外包职业学院	江苏省	苏州市	专科		
157	4132014329	徐州幼儿师范高等专科学校	江苏省	徐州市	专科		
158	4132014401	徐州生物工程职业技术学院	江苏省	徐州市	专科		
159	4132014475	江苏商贸职业学院	江苏省	南通市	专科		
160	4132014493	南通师范高等专科学校	江苏省	南通市	专科		
161	4132014528	扬州中瑞酒店职业学院	江苏省教育厅	扬州市	专科		

续表

序号	高校识别码	高校名称	主管部门	所在地	办学层次	备注	研究生培养
162	4132014541	江苏护理职业学院	江苏省	淮安市	专科		
163	4132014542	江苏财会职业学院	江苏省	连云港市	专科		
164	4132014543	江苏城乡建设职业学院	江苏省	常州市	专科		
165	4132014568	江苏航空职业技术学院	江苏省	镇江市	专科		
166	4132014589	江苏安全技术职业学院	江苏省	徐州市	专科		
167	4132014604	江苏旅游职业学院	江苏省	扬州市	专科		

资料来源:中华人民共和国教育部. 全国高等学校名单[EB/OL]. [2019-08-21]. http://www.moe.gov.cn/srcsite/A03/moe_634/201706/t20170614_306900.html.

附表3 江苏高校发展定位编码文本

序号	高校名称	"十三五"规划中的学校发展定位	学校官网中的学校发展定位
1	南京大学		世界一流大学
2	苏州大学	国内一流,国际知名高水平研究型大学	国内一流,国际知名高水平研究型大学
3	东南大学		世界一流学科
4	南京航空航天大学		高水平研究型大学
5	南京理工大学		国内一流,国际知名的特色高水平研究型大学
6	江苏科技大学	国内一流造船大学	国内一流造船大学
7	中国矿业大学		特色鲜明,世界一流的高水平矿业大学
8	南京工业大学	"综合性、研究型、全球化"大学	高水平大学
9	常州大学	特色鲜明的高水平地方领军型大学	高水平地方领军型大学

附表3
江苏高校发展定位编码文本

续表

序号	高校名称	"十三五"规划中的学校发展定位	学校官网中的学校发展定位
10	南京邮电大学	在信息科学与技术领域特色鲜明的高水平教学研究型大学	电子信息领域特色鲜明的研究型大学
11	河海大学		世界一流特色研究型大学
12	江南大学		特色鲜明的研究型大学
13	南京林业大学	世界一流林业大学	具有一定国际影响的高水平特色大学
14	江苏大学	高水平、有特色、国际化研究型大学	高水平有特色国际化研究型大学
15	南京信息工程大学	一流特色高水平大学	
16	南通大学	有特色高水平教学研究型大学	地方综合性大学
17	盐城工学院	特色鲜明的高水平应用型大学	特色鲜明的高水平应用型大学
18	南京农业大学		世界一流农业大学
19	南京医科大学	国际知名、特色鲜明的高水平研究型医科大学	国际知名、特色鲜明的高水平研究型医科大学
20	徐州医科大学	特色鲜明、国内先进的高水平医科大学	

续表

序号	高校名称	"十三五"规划中的学校发展定位	学校官网中的学校发展定位
21	南京中医药大学	高水平、有特色、国际化的一流中医药大学	高水平、有特色、国际化的世界一流中医药大学
22	中国药科大学		国际知名的高水平研究型大学
23	南京师范大学	有国际影响的高水平大学	有国际影响的高水平大学
24	江苏师范大学	高水平、有特色、有品位的综合性教学研究型大学	高水平、有特色、有品位的综合性教学研究型大学
25	淮阴师范学院	学生全面发展、教职工引以为傲、社会高度赞誉的、具有一定影响、特色鲜明的地方综合性大学	特色鲜明的高水平应用型地方综合性大学
26	盐城师范学院	特色鲜明的高水平区域性大学	特色鲜明的高水平区域性大学
27	南京财经大学	有特色、高水平财经大学	有特色、高水平财经大学
28	江苏警官学院	一流公安院校	全国一流公安院校
29	南京体育学院	特色鲜明的高水平体育大学	特色鲜明的高水平体育大学
30	南京艺术学院		综合性高等艺术学府

附表 3
江苏高校发展定位编码文本

续表

序号	高校名称	"十三五"规划中的学校发展定位	学校官网中的学校发展定位
31	苏州科技大学	有特色、有活力、有品位、国内外知名的高水平大学	特色鲜明、品质卓越的高水平教学研究型大学
32	常熟理工学院	特色鲜明、质量著称的应用型品牌大学	特色鲜明、质量著称的应用型品牌大学
33	淮阴工学院	加快推进大学建设	高水平应用型大学
34	常州工学院	特色鲜明的高水平应用型地方大学	特色鲜明的高水平应用型地方大学
35	扬州大学	国内一流、国际知名、特色鲜明的高水平研究型大学	国内一流、国际知名、特色鲜明的高水平研究型大学
36	三江学院	特色鲜明的高水平民办应用型大学	特色鲜明的高水平应用型大学
37	南京工程学院	特色鲜明的高水平应用型工程大学	高水平应用型工程大学
38	南京审计大学	高水平特色型大学	国内外有重要影响的特色大学
39	南京晓庄学院	以教师教育为特色的地方应用型品牌大学	教师教育特色鲜明的高水平应用型大学
40	江苏理工学院	有特色高水平应用型大学	有特色高水平应用型大学
41	淮海工学院	创建江苏海洋大学	江苏海洋大学

续表

序号	高校名称	"十三五"规划中的学校发展定位	学校官网中的学校发展定位
42	徐州工程学院	区域性综合大学	区域性综合大学
43	南京特殊教育师范学院	优势突出、特色鲜明、国内一流、有国际影响的特殊教育本科院校	中国特殊教育师资培养的摇篮
44	南通理工学院	国内知名、特色鲜明的高水平地方性应用型民办本科高校	
45	南京森林警察学院		在国内外具有影响力、特色鲜明的高水平的公安院校
46	东南大学成贤学院	有特色、高水平、应用型地方普通本科高校	在国内具有较强影响力的高质量应用型大学
47	泰州学院	特色鲜明、国内一流民办应用技术大学	引领地方文化教育事业发展、服务地方经济转型升级的有特色的高水平应用型本科高校
48	无锡太湖学院	以软件类为主导特色的多学科专业协调发展的新兴应用科技大学	
49	金陵科技学院		高水平新兴应用型大学
50	中国矿业大学徐海学院		办学条件优良、管理水平先进、专业优势明显、服务功能较强的江苏省一流的独立学院

续表

序号	高校名称	"十三五"规划中的学校发展定位	学校官网中的学校发展定位
51	南京大学金陵学院		
52	南京理工大学紫金学院		办学特色鲜明,教育教学质量优良的国内一流应用型本科大学
53	南京航空航天大学金城学院		特色鲜明、国内一流的传媒类应用型大学
54	中国传媒大学南广学院		特色鲜明的高水平应用型本科大学
55	南京理工大学泰州科技学院		
56	南京师范大学泰州学院		特色鲜明的高水平应用型本科大学
57	南京工业大学浦江学院		办学特色鲜明,培养模式新颖,就业渠道畅通的应用型本科高校
58	南京师范大学中北学院		"区域领先、特色鲜明"的高水平应用型大学

续表

序号	高校名称	"十三五"规划中的学校发展定位	学校官网中的学校发展定位
59	南京医科大学康达学院		"地方性、应用型、有特色、高水平、国际化"的医学类本科院校
60	南京中医药大学翰林学院		办学规模、专业设置、人才培养质量适应区域经济和泰州中国医药城产业发展的新型独立学院
61	南京信息工程大学滨江学院		
62	苏州大学文正学院		国内一流独立学院
63	苏州大学应用技术学院		特色鲜明的高水平应用技术大学
64	苏州科技大学天平学院		在全国独立学院中有较大影响,在省内独立学院中具有重要地位,苏南地区"应用型、复合型、创新型"人才培养的重要基地
65	江苏大学京江学院		以工科为主,文、管、经、医多学科协调发展,国内一流的应用技术型本科院校

附表3 江苏高校发展定位编码文本

续表

序号	高校名称	"十三五"规划中的学校发展定位	学校官网中的学校发展定位
66	扬州大学广陵学院		
67	江苏师范大学科文学院		
68	南京邮电大学通达学院		高水平信息类应用型大学
69	南京财经大学红山学院		
70	江苏科技大学苏州理工学院		高水平、有特色应用技术型大学
71	常州大学怀德学院		"高水平、有特色、具影响"应用型大学
72	南通大学杏林学院		
73	南京审计大学金审学院		
74	宿迁学院	高水平应用技术大学	高水平应用技术大学

续表

序号	高校名称	"十三五"规划中的学校发展定位	学校官网中的学校发展定位
75	江苏第二师范学院	高水平有特色新型师范学院	建设"高水平有特色新型师范学院"
76	西交利物浦大学	理念先进,软硬件支持系统强大,学习环境友好的国际化、非盈利性的世界一流的国际性大学	研究导向,独具特色,世界认可的中国大学和中国土地上的国际性大学
77	昆山杜克大学		世界一流的研究型综合性大学
78	盐城幼儿师范高等专科学校	专业性强,培养质量高的国内一流幼儿师范专科学校	坚持以培养高素质的基础教育师资和服务地方经济发展应用型人才为使命,走特色发展、品牌发展之路,为建设全国一流幼儿高等师范专科学校而奋力前行
79	苏州幼儿师范高等专科学校		学校以建设专业性强,培养质量高的国内一流幼儿师范高等专科学校为办学目标,以一线幼儿园教师为主培养的应用型人才培养目标,努力把学校建设成为高水平,有特色全国一流幼专
80	明达职业技术学院	有特色的应用技术类型的国内一流民办高校	

附表3
江苏高校发展定位编码文本

续表

序号	高校名称	"十三五"规划中的学校发展定位	学校官网中的学校发展定位
81	无锡职业技术学院	国内一流、国际水准、特色鲜明的高职名校	学校将致力于先进制造业及新兴产业高技能人才的培养,致力于提高区域经济发展服务能力,努力把学校建成"国内一流、国际水准、特色鲜明高职名校"
82	江苏建筑职业技术学院	高水平、有特色、具有国际水准的全国一流高职院校	确定了"建设全国一流高职名校"的奋斗目标,提出"人才强校、创新提升、服务地方、信息化、国际化、幸福共享"六大战略任务
83	南京工业职业技术学院	国家优质高职院校,社会影响力和美誉度持续提升,办学综合实力位列全国同类学校前列,成为"国内一流、国际知名"应用技术型高职名校	
84	江苏工程职业技术学院	建成部分专业应用技术本科层次、在现代职教体系中起骨干作用、特色鲜明、国内一流、具有一定国际影响的优质高职院校	
85	苏州工艺美术职业技术学院	国家优质高职院校	围绕培养"德艺双馨、心灵手巧的高素质技能型工艺美术人才"的目标,学院不断深化教学改革,构建服务型专业教学体系,进行"工作室制"人才培养模式的创新实践,积极为现代服务业、文化创意产业服务

续表

序号	高校名称	"十三五"规划中的学校发展定位	学校官网中的学校发展定位
86	连云港职业技术学院	高水平、有特色卓越高职院校	积极实施多功能、多层次、多形式办学,大力实施内涵发展战略,办学水平和人才培养质量、办学水平和服务社会能力,建设特色鲜明的高水平高职院校
87	镇江市高等专科学校	服务地方、特色鲜明、质量上乘的应用技术型本科院校	努力把学校建设成为"环境优美、条件优良、质量上乘、特色鲜明、富有竞争力和吸引力的综合性应用型本科院校"
88	南通职业大学	建设创业型应用技术大学	坚持质量立校、人才兴校、特色强校,坚持走国际化、开放式办学道路,与加拿大、澳大利亚、日本、韩国等国家的大学和机构建立了良好的合作关系
89	苏州职业大学	应用型品牌高校建设	致力科研创新突破,坚持科技创新与培养造就创新型科技人才紧密结合,坚持知识创新、技术创新和成果转化协调推进

附表3
江苏高校发展定位编码文本

续表

序号	高校名称	"十三五"规划中的学校发展定位	学校官网中的学校发展定位
90	沙洲职业工学院	将学院打造成国内一流、国际有重要影响的江苏省卓越高等职业院校	坚持"根植张家港、融入张家港、服务张家港"的办学理念,以"为产业转型升级、培养急需技术技能人才""为企业科技创新、搭建技术研发服务平台""为城市文明建设、提供多样社会培训服务""为办学使命,在"十三五"期间,为港城现代化建设提供基础人力资源和智力支撑,为职教现代化建设引领县域高校的改革创新
91	扬州市职业大学	质量优良、特色鲜明、服务紧密、省内一流、国内有影响的高等职业院校、积极筹建本科层次应用型高校	着力培育承担应用型本科层次高等教育的能力,具备本科办学水平,实现筹建扬州科技学院的目标
92	连云港师范高等专科学校	富有特色的本科院校	把学校建设成为富有特色的应用型本科院校而努力奋斗
93	江苏经贸职业技术学院	具有鲜明商贸和现代服务业特色、国内一流、国际知名的高职院校	国内一流、国际知名的优质高职院校
94	九州职业技术学院	有特色、有水平的在全国民办院校中具有影响的高等职业技术学院	努力把学校建成适应区域经济和行业发展需求,服务"一带一路"发展战略,特色鲜明、水平一流的高职院校

续表

序号	高校名称	"十三五"规划中的学校发展定位	学校官网中的学校发展定位
95	硅湖职业技术学院	社会声誉好、教育质量高、办学特色强,在苏州和长三角地区有影响的民办高校	确立"立足昆山、服务台企、面向长三角"的办学方针,按照本科设置标准,推升办学层次,为经济社会发展提供更加有力保障和智力支持
96	泰州职业技术学院	国内有影响、省内有地位的开放型、创新型高职院校	努力把学院建设成为国内有影响、省内有地位的开放型、创新型的高职院校
97	常州信息职业技术学院	"国内一流、国际有影响"的高职名校	
98	江苏联合职业技术学院		
99	江苏海事职业技术学院		
100	应天职业技术学院		在努力实现"办学有特色、省内居前列、全国有影响"的民办院校的目标阔步前进的同时,在提升办学层次、建立应用型大学的大道上奋勇前行
101	无锡科技职业学院	建成省级示范性高职院校(优秀)、移动互联应用技术品牌专业(A类)全面建成达标(优秀)	努力把学校建设成为"基础扎实、质量过硬、特色鲜明,省内一流"的现代高职教育示范院校

附表3
江苏高校发展定位编码文本

续表

序号	高校名称	"十三五"规划中的学校发展定位	学校官网中的学校发展定位
102	江苏医药职业学院	高水平、有特色的国内一流、国际有影响的医药卫生高职院校	坚持"质量立校、特色立业、医德立身"的办学理念,"立足苏北、面向基层、服务江苏、辐射全国"的办学定位,培养高素质技能型卫生专门人才
103	扬州环境资源职业技术学院	建设"特色鲜明、省内领先、国内有地位、国际有影响"的示范性高等职业学院	学院正向着建设"苏中一流、江苏前列、全国有影响"的省级示范性高职院校目标迈进。
104	南通科技职业学院	与区域经济高度融合的高水平、特色鲜明、高木相济的高等职业技术学院	努力建成与区域经济高度融合的高水平、特色鲜明、高木相济的高等职业技术学院
105	苏州经贸职业技术学院	成为名副其实的省级示范性高职院校、在全国具有办学特色影响力的高职院校	坚持人才培养"地方性"、"应用性"和"职业性"的办学理念,努力实现把学院建设成为"在企业有满意度、在行业有美誉度、在政府有信誉度"和"教师有尊严感、学生有自豪感、员工有成就感"的高水平高职院校
106	苏州工业职业技术学院		
107	苏州托普信息职业技术学院		

续表

序号	高校名称	"十三五"规划中的学校发展定位	学校官网中的学校发展定位
108	苏州卫生职业技术学院	特色鲜明,在国内同类院校起示范作用,具有一定国际影响力的高水平医药卫生院校	努力把学院建设成为特色鲜明、在国内同类院校起示范作用、具有一定国际影响力的高水平医药卫生院校
109	无锡商业职业技术学院	省内领先、国内一流的高水平特色高职院校	学校始终以办人民满意的高职教育为已任,把建成省内领先、国内一流的高职院校
110	南通航运职业技术学院	"特色鲜明,国内知名、海外扬名"的高水平高职院校	
111	南京交通职业技术学院	特色鲜明,国内一流的交通运输类高职院、争创全国优质高职院校	力争为交通技能型人才资源开发和行业从业人员队伍素质提高做出更大的贡献
112	淮安信息职业技术学院	国内一流的高水平、特色化、创新型高职名校	向国内一流、高水平特色化创新型高职名校的目标奋力迈进
113	江苏农牧科技职业学院	全国领先、世界知名更高层次的农牧类高等职业院校	秉承"紧扣农牧产业链办学、紧密结合产学研育人、紧跟区域增长极发展"的办学理念,以服务"三农"为办学宗旨,以学生就业为导向,走产学研结合之路,全面推进素质教育,努力培养现代农牧业所需要的高素质技术技能型人才;为把学院建设成为"国内领先、世界知名"的农牧类卓越高职院而努力奋斗

附表 3
江苏高校发展定位编码文本

续表

序号	高校名称	"十三五"规划中的学校发展定位	学校官网中的学校发展定位
114	常州纺织服装职业技术学院	特色鲜明、行业领先、充满活力的高职院校	学校积极投身于国家"一带一路"战略建设,加快"特色鲜明、行业领先、充满活力的示范性高职院校"的建设步伐,不断探索"创业创新型人才"培养
115	苏州农业职业技术学院	省内领先、行业知名、国内一流、有国际影响力的农业特色高职院	学院致力于打造"江南农耕文化弘扬者、园艺职业教育开拓者、苏州园林技艺传承者、智慧农业建设领跑者、国际职业农民培育和输出的探索者"这五张名片
116	苏州工业园区职业技术学院		为外商投资企业培养"好学、敬业、德高、技强"的应用型人才,努力把学院建设成一所集约型、国际化的示范性高职院校,探索中国新型职业教育发展之路
117	太湖创意职业技术学院	同类学校中实力较强、特色鲜明的高职院校	通过学习、实践,研发紧密结合,把学生培养成为基础理论扎实、实践能力强、综合素质高的富有创新、创意能力的应用型人才

续表

序号	高校名称	"十三五"规划中的学校发展定位	学校官网中的学校发展定位
118	炎黄职业技术学院	三年制大专、五年制大专、成人教育并存共进,特色鲜明,具备一定实力,在校生数达5000人左右规模的省级示范高职院校,并努力转型建设成一所应用型本科高职院校	有别于综合性大学,培养"高级专业应用性的人才"
119	南京科技职业学院	争取跨入全国优质高等职业院校行列,力争使学校的人才培养质量和办学水平达到应用技术型本科高校标准	努力把学校建设成为特色鲜明、水平高、创新强、产学研用紧密结合的国内一流开放型高职院校
120	正德职业技术学院	建成"国内知名、省内一流、社会满意、特色发展"的民办高职院校	以培养高素质技能型专业人才为根本任务,不断创新、不断丰富办学特色和形式,进一步提升办学水平,努力使学院成为国内知名、省内一流的高职院校
121	钟山职业技术学院	学院建成"省内领先、国内外有影响的示范性的民办高职院校"	
122	无锡南洋职业技术学院	社会声誉好,专业优势明显,人才培养特色显著,社会服务能力强,跻身于国内一流的民办高职强校	省内一流、国内知名的民办高职强校

附表3 江苏高校发展定位编码文本

续表

序号	高校名称	"十三五"规划中的学校发展定位	学校官网中的学校发展定位
123	江南影视艺术职业学院	省内有影响力、特色鲜明的综合性应用型艺术类本科院校	全面培养、强化技能、因材施教、知行合一、倾心培养影视艺术类高技能人才和文化创意人才
124	金肯职业技术学院	建成应用技术型特色名校,面向先进制造业和现代服务业,为创建应用技术型科院校,面向先进制造业和现代服务业培养生产、经营、管理、服务第一线"肯学、肯做、肯创新"的高素质技术技能人才	为早日实现"建设特色鲜明的高职名校,创建应用技术型本科院校"这一目标而努力奋斗
125	常州轻工职业技术学院	以工为主,工、管、艺等多专业协调发展的高等职业技术教育、学历教育、继续教育和社会培训相结合,主要为长三角地区的轻工业、先进制造业、现代服务业培养满足职业岗位需求的面向生产、建设、服务和管理一线的技术技能人才	为推动学校内涵发展、创新发展,建设特色鲜明、国内一流的高职院校而不懈努力
126	常州工程职业技术学院	人才培养质量高,技术技能积累多,社会服务声誉好的优质高职名校	
127	江苏农林职业技术学院	建成具有农林特色、国内一流、国际影响的全国农业高职院校领军学校	
128	江苏食品药品职业技术学院	"特色鲜明、国内一流"高职院校	建设特色鲜明、国内一流的优质高职院校

续表

序号	高校名称	"十三五"规划中的学校发展定位	学校官网中的学校发展定位
129	建东职业技术学院	具有较强专科办学能力并能培养本科人才,学历教育、非学历教育和继续教育共生存的特色鲜明、国内有名、省内知名,社会欢迎的一流民办高职院校	特色鲜明、国内一流的优质高职院校
130	南京铁道职业技术学院	建成高水平、有特色、具有国际影响力的轨道交通高职名校,为建成轨道交通应用技术学院	把学院建设成为高水平、有特色、具有一定国际影响力的轨道高职名校
131	徐州工业职业技术学院	建成特色鲜明、服务地方水平高、国内一流、海内外有影响的高职名校	立足徐州,面向江苏和长三角,辐射全国;以工为主,经管为辅,服务于现代制造业、现代服务业、新兴产业等领域,引领技术和管理创新,努力培养生产、建设、管理、服务一线的,能力强、素质高、懂技术、会管理的高端技能型专门人才
132	江苏信息职业技术学院	环境优美、特色鲜明、国内水平一流的高职名校	建设以物联网技术融合现代制造业和现代服务业的发展、信息特色鲜明、一流企业认可、人民满意的高水平高职名校

附表3
江苏高校发展定位编码文本

续表

序号	高校名称	"十三五"规划中的学校发展定位	学校官网中的学校发展定位
133	宿迁职业技术学院	"现代、新型、一流"大学	坚持"以市场需求为导向"、"以岗位要求为标准"、"以高薪就业为目标",完善各专业课程体系,制定人才培养计划,创新教学模式,挖掘学生潜力,提高教学效率
134	南京信息职业技术学院	国内一流、国际有竞争力的高职院校	将紧扣以"大国工匠"为代表的职业教育杰出人才培养主题,以提高人才培养质量为核心目标,以校企紧密合作为主要途径,为早日实现国内一流、国际知名的"南信梦"而努力奋斗
135	江海职业技术学院	区域发展和国家现代职业教育体系中的民办名校	以培养生产、建设、服务、管理第一线的高端技能型专门人才为己任,竭诚为建设全面小康社会和社会主义现代化服务
136	常州机电职业技术学院	特色鲜明的优质高职院校	
137	江阴职业技术学院		继续秉承"团结拼搏、砥砺奋进、坚韧不拔、争创一流"的学院精神,继续深化"现代班组建设、品牌建设,努力将学院建成具有地方特色、鲜明个性,国内知名、省内一流的高职院校

续表

序号	高校名称	"十三五"规划中的学校发展定位	学校官网中的学校发展定位
138	无锡城市职业技术学院	应用型本科院校	继续秉承"地方高校地方办、办好高校为地方"的宗旨,不断加强内涵建设,提高办学质量,提升办学层次,为更好地服务地方经济社会发展而努力奋斗
139	无锡工艺职业技术学院	特色鲜明、省内有名、行业知名、全国具有较强影响力的示范性高职院校	努力将学院办成一所特色鲜明、省内有名、全国有一定影响力的示范性高职院校
140	金山职业技术学院	江苏省非营利性民办高校示范校	以天下学子都能接受高等教育为办学目标,在同类院校中率先坚持公益办学,确保学生顺利完成学业
141	苏州健雄职业技术学院	人才培养质量高,技术技能积累多,社会服务能力强,社会声誉好的地方高职名校	不断提升办学内涵,凝练办学特色,打造高职办学品牌,为地方经济社会发展做出更大的贡献
142	盐城工业职业技术学院	办学特色鲜明、学生技术技能过硬、社会满意度高、校地共生共长、产教深度融合、科技服务能力和技术技能培养质量居省级示范校前列的高水平(优质)高职院校	努力建成特色鲜明的江苏省优质高职学院

续表

序号	高校名称	"十三五"规划中的学校发展定位	学校官网中的学校发展定位
143	江苏财经职业技术学院	国内领先、省内同类院校位居前列的高水平特色财经类高职院	坚持"立足淮安、面向江苏、突出财经"的办学定位
144	扬州工业职业技术学院	特色鲜明,高水平示范性高职院校	以培养适应石油化工行业、核电建设行业以及地方经济社会发展需要的高素质技术技能人才为己任,奋力开启特色鲜明、高水平示范性高职院校建设的新征程
145	苏州百年职业学院		中外合作水平达到国内一流的办学目标
146	昆山登云科技职业学院	符合教育现代化建设要求的特色鲜明的省级示范高职院校	符合教育现代化建设要求的特色鲜明的省级示范性高职院,为创建应用型本科学院打下坚实的基础
147	南京视觉艺术职业学院	江苏省省级示范高职院校	始终秉承"精艺创新、追求卓越"的校训,以培养勇于创新、学有所长、行知统一、脚踏实地的高素质专业艺术人才

续表

序号	高校名称	"十三五"规划中的学校发展定位	学校官网中的学校发展定位
148	江苏城市职业学院	高水平省属高等职业学院	着力提升学生的"社会适应能力、职业发展能力、终身学习能力",为生产、建设、管理、服务一线造就具有工匠精神、精深专业技能和良好职业道德的应用型专门人才
149	南京城市职业学院	学历教育和非学历教育并重,职业教育和普通教育相互沟通,职前教育和职后教育有效衔接,具有鲜明特色的开放性新型地方高校	以现代服务业为主,培养应用技术技能型人才为主要任务,以教学质量求生存,以专业特色求发展,加速争创一流高等职业院校。
150	南京机电职业技术学院	以培养专科层次机电及智能制造相关行业创新型技术技能人才为主体,兼顾在职人员的终身教育,现代服务业培训及社会各类人员的岗位以及长三角地区先进制造业、现代服务业满足职业岗位需求的创新型技术技能人才	"立足企业、面向行业、服务社会"的办学思路,以培养"企业满意、社会满意、学生满意、家长满意"的创新型技术技能人才为目标
151	苏州高博软件技术职业学院		为长三角地区乃至全国培养软件技术等战略性新兴产业、现代服务业所需的高素质、实用型、技术技能人才

附表3 江苏高校发展定位编码文本

续表

序号	高校名称	"十三五"规划中的学校发展定位	学校官网中的学校发展定位
152	南京旅游职业学院	行业特色鲜明,具有改革创新示范性、品质办学示范性、精致管理示范性的省内示范性高等职业院校和国内一流、国际知名的旅游高职院校	坚持"专业化、精致化、人文化、国际化"办学,以特色强校,以品质立校,以品牌兴校
153	江苏卫生健康职业学院	具有中医药特色的省示范性高职院	办成江苏一流、国内领先、国际接轨,具有中医特色的卫生类高职院,明确"立足江苏,服务区域经济,依托行业,面向健康事业"的办学定位
154	苏州信息职业技术学院	专业特色鲜明,校园文化氛围浓厚,社区服务紧密的特色高职院校	围绕培养适应生产、建设、管理、服务第一线所需要的"留得住、下得去、用得上"的高技能人才目标,逐步形成了"能力为主线,应用为目的,发展为核心"的人才培养特色
155	宿迁泽达职业技术学院		把学生能力培养放在首位,满足学生及家长要求,适应社会需要,真正体现以就业为导向的高职人才培养模式
156	苏州工业园区服务外包职业学院	建设成为一所契合服务外包产业发展的具有鲜明办学特色的学校,建成省内示范、国内唯一、具备国际化办学能力的中国服务外包第一校	"建成为省内示范、国内唯一,具备国际化办学能力的中国服务外包第一校"

续表

序号	高校名称	"十三五"规划中的学校发展定位	学校官网中的学校发展定位
157	徐州幼儿师范高等专科学校	高水平、有特色的全国一流幼专	围绕建设高水平、有特色全校一流幼专的总目标,确立了质量立校、人才强校、特色名校、科研兴校、文化荣校、开放融合六大战略
158	徐州生物工程职业技术学院	有鲜明特色和显著优势的具有省级示范水平的高职院校	"立足徐州,面向淮海,建设职教名校"
159	江苏商贸职业学院	有特色、高水平、国际化、受欢迎的新型职业学院	全力打造有特色、高水平、受欢迎的新型职业学院
160	南通师范高等专科学校	高水平、全科型的师范专科学校	守办学使命,坚持内涵发展,不断提升办学质量和层次,倾力打造高水平、国际化的全科型师范专科学校
161	扬州中瑞酒店职业学院		以培养应用型高级专门人才为目标,以酒店管理专业为特色,不断探索应用人才培养模式,为高速发展的酒店服务行业培养具有国际化视野和专业技能的高素质应用型人才
162	江苏护理职业学院	"国际有影响、国内有领先、省内有主打"特色鲜明的医药卫生类高职强校	建设"国际有影响,国内有领先,省内有主打"的江苏护理职业学院
163	江苏财会职业学院	高水平、有特色的财经类职业院校	建设一所立足行业、服务区域、财经主体、会计特色、管理精致、社会满意的高等学校

附表 3
江苏高校发展定位编码文本

续表

序号	高校名称	"十三五"规划中的学校发展定位	学校官网中的学校发展定位
164	江苏城乡建设职业学院	设施先进、管理规范、运行良好、质量优良、绿色发展的行业特色型高职院校	立德树人为根本,以服务发展为宗旨,以促进就业为导向,走内涵发展道路,校企合作、工学结合,培养高素质技术技能型人才
165	江苏航空职业技术学院		坚持以"立德树人、发展学生、促进就业"为中心,确立"就业有技能、创业有本领、发展有后劲"的高素质技术技能型人才培养目标
166	江苏安全技术职业学院		"校园环境怡人,办学理念先进,师资力量雄厚,办学条件优良,能力培养突出,综合管理规范,校企合作紧密,就业安置一流,升学渠道畅通"的现代职业教育名校
167	江苏旅游职业学院		"特色鲜明,行业知名,学生慕名,社会美名,国内一流、国际知名的旅游类高等职业院校

资料来源:各高校公布的"十三五"规划文本与官网中的学校简介。

附表4　根据高校发展定位的高校类型编码结果

序号	高校名称	类型定位	区域性	学科/行业性	办学水平	办学特色	升本诉求
1	南京大学				世界一流		
2	苏州大学	研究型		综合类	国际知名		
3	东南大学				世界一流		
4	南京航空航天大学	研究型			高水平		
5	南京理工大学	研究型		特色类	国际知名		
6	江苏科技大学	应用型		特色类	国内一流		
7	中国矿业大学	应用型		特色类	世界一流	特色鲜明	
8	南京工业大学	研究型		综合类	高水平		
9	常州大学	应用型	地方		地方领军型	特色鲜明	
10	南京邮电大学	教学研究型		特色类	高水平	特色鲜明	
11	河海大学	研究型			世界一流	特色	
12	江南大学	研究型				特色鲜明	
13	南京林业大学	应用型		特色类	国际影响		
14	江苏大学	研究型			高水平	有特色	
15	南京信息工程大学				国内一流	特色	
16	南通大学	教学研究型	地方	综合类	高水平	有特色	
17	盐城工学院	应用型			高水平	特色鲜明	
18	南京农业大学	应用型		特色类	世界一流		
19	南京医科大学	研究型		特色类	国际知名	特色鲜明	

附表 4
根据高校发展定位的高校类型编码结果

续表

序号	高校名称	类型定位	区域性	学科/行业性	办学水平	办学特色	升本诉求
20	徐州医科大学	应用型		特色类	国内先进	特色鲜明	
21	南京中医药大学	应用型		特色类	高水平	有特色	
22	中国药科大学	研究型			国际知名		
23	南京师范大学				国际影响		
24	江苏师范大学	教学研究型		综合类	高水平	有特色	
25	淮阴师范学院	应用型	地方	综合类		特色鲜明	
26	盐城师范学院		地方		高水平	特色鲜明	
27	南京财经大学			特色类	高水平	有特色	
28	江苏警官学院			特色类	国内一流		
29	南京体育学院			特色类	高水平	特色鲜明	
30	南京艺术学院	应用型		综合类		艺术学府	
31	苏州科技大学	教学研究型	地方		高水平	有特色	
32	常熟理工学院	应用型			质量著称	特色鲜明	
33	淮阴工学院	应用型			高水平		
34	常州工学院	应用型	地方		高水平	特色鲜明	
35	扬州大学	研究型			国际知名	特色鲜明	
36	三江学院	应用型			高水平	特色鲜明	
37	南京工程学院	应用型			高水平	特色鲜明	
38	南京审计大学				国际影响	特色型	
39	南京晓庄学院	应用型	地方	特色类	高水平	特色	
40	江苏理工学院	应用型				有特色	
41	淮海工学院	应用型	地方	特色类			

续表

序号	高校名称	类型定位	区域性	学科/行业性	办学水平	办学特色	升本诉求
42	徐州工程学院		地方	综合类			
43	南京特殊教育师范学院			特色类	国际影响		
44	南通理工学院	应用型	地方			特色鲜明	
45	南京森林警察学院	应用型		特色类	国际影响	特色鲜明	
46	东南大学成贤学院	应用型			国内影响		
47	泰州学院	应用型	地方		高水平	有特色	
48	无锡太湖学院	应用型			国内一流	特色鲜明	
49	金陵科技学院	应用型		多学科		特色	
50	中国矿业大学徐海学院	应用型	省内		省内一流		
51	南京大学金陵学院						
52	南京理工大学紫金学院	应用型			国内一流		
53	南京航空航天大学金城学院						
54	中国传媒大学南广学院	应用型		特色类	国内一流	特色鲜明	
55	南京理工大学泰州科技学院						
56	南京师范大学泰州学院	应用型			高水平	特色鲜明	
57	南京工业大学浦江学院	应用型				特色鲜明	

续表

序号	高校名称	类型定位	区域性	学科/行业性	办学水平	办学特色	升本诉求
58	南京师范大学中北学院	应用型	地方		高水平	特色鲜明	
59	南京医科大学康达学院	应用型	地方	特色类	高水平	有特色	
60	南京中医药大学翰林学院	应用型	地方	特色类			
61	南京信息工程大学滨江学院						
62	苏州大学文正学院	应用型			国内一流		
63	苏州大学应用技术学院	应用型			高水平	特色鲜明	
64	苏州科技大学天平学院	应用型			国内影响		
65	江苏大学京江学院	应用型		特色类	国内一流		
66	扬州大学广陵学院						
67	江苏师范大学科文学院						
68	南京邮电大学通达学院	应用型		特色类			
69	南京财经大学红山学院						
70	江苏科技大学苏州理工学院	应用型			高水平	有特色	
71	常州大学怀德学院	应用型		具影响	高水平	有特色	
72	南通大学杏林学院						

续表

序号	高校名称	类型定位	区域性	学科/行业性	办学水平	办学特色	升本诉求
73	南京审计大学金审学院						
74	宿迁学院	应用型			高水平		
75	江苏第二师范学院	应用型			高水平	有特色	
76	西交利物浦大学	研究型			世界认可	独具特色	
77	昆山杜克大学	研究型		综合类	世界一流		
78	盐城幼儿师范高等专科学校	幼专			国内一流		
79	苏州幼儿师范高等专科学校	幼专		特色类	国内一流		
80	明达职业技术学院	高职			国内一流	有特色	
81	无锡职业技术学院	高职			国际水准	特色鲜明	
82	江苏建筑职业技术学院	高职			国内一流		
83	南京工业职业技术学院	高职			国际知名		
84	江苏工程职业技术学院	高职			国际影响	特色鲜明	
85	苏州工艺美术职业技术学院	高职			优质		
86	连云港职业技术学院	高职			卓越	有特色	
87	镇江市高等专科学校	应用型本科	地方		质量上乘	特色鲜明	升本
88	南通职业大学	应用型本科				创业型	升本
89	苏州职业大学	应用型本科	地方	多学科	品牌	特色鲜明	升本

附表 4
根据高校发展定位的高校类型编码结果

续表

序号	高校名称	类型定位	区域性	学科/行业性	办学水平	办学特色	升本诉求
90	沙洲职业工学院	高职	地方		卓越		
91	扬州市职业大学	高职			国内影响	特色鲜明	升本
92	连云港师范高等专科学校					富有特色	升本
93	江苏经贸职业技术学院	高职		特色类	国际知名	特色	
94	九州职业技术学院	高职			有水平	有特色	
95	硅湖职业技术学院	高职	地方		教育质量高	办学特色强	
96	泰州职业技术学院	高职			国内影响	创新型	
97	常州信息职业技术学院	高职			国际影响		
98	江苏联合职业技术学院	高职			国内一流		
99	江苏海事职业技术学院						
100	应天职业技术学院	应用型			国内影响	办学有特色	
101	无锡科技职业学院	高职	地方	特色类	省内影响		
102	江苏医药职业学院	高职	地方	特色类	高水平	有特色	
103	扬州环境资源职业技术学院	高职	地方		国内影响		
104	南通科技职业学院	高职			国际影响	特色鲜明	
105	苏州经贸职业技术学院	高职	地方		高水平	特色鲜明	
106	苏州工业职业技术学院	高职			国内影响	特色鲜明	

续表

序号	高校名称	类型定位	区域性	学科/行业性	办学水平	办学特色	升本诉求
107	苏州托普信息职业技术学院						
108	苏州卫生职业技术学院	高职		特色类	国际影响	特色鲜明	
109	无锡商业职业技术学院	高职			国际影响	特色	
110	南通航运职业技术学院	高职			国内一流	特色鲜明	
111	南京交通职业技术学院	高职		特色类	国内一流	特色鲜明	
112	淮安信息职业技术学院	高职			国内一流	特色化	
113	江苏农牧科技职业学院	高职		特色类	国际知名		
114	常州纺织服装职业技术学院	高职			行业领先	特色鲜明	
115	苏州农业职业技术学院	高职		特色类	国际影响	农业特色	
116	苏州工业园区职业技术学院	高职				集约型	
117	太湖创意职业技术学院	高职			实力较强	特色鲜明	
118	炎黄职业技术学院	高职			全国影响	特色鲜明	升本
119	南京科技职业学院	高职			全国优质		升本
120	正德职业技术学院	高职			国内知名	特色发展	
121	钟山职业技术学院	高职			国际影响		

续表

序号	高校名称	类型定位	区域性	学科/行业性	办学水平	办学特色	升本诉求
122	无锡南洋职业技术学院	高职			国内一流	特色显著	
123	江南影视艺术职业学院	高职	地方	特色类		特色鲜明	升本
124	金肯职业技术学院	应用型本科				特色名校	升本
125	常州轻工职业技术学院	高职	地方	特色类	国内一流		
126	常州工程职业技术学院	高职			优质		
127	江苏农林职业技术学院	高职		特色类	国际影响	农林特色	
128	江苏食品药品职业技术学院	高职			国内一流	特色鲜明	
129	建东职业技术学院	高职			国内一流	特色鲜明	
130	南京铁道职业技术学院	高职		特色类	国际影响	有特色	升本
131	徐州工业职业技术学院	高职	地方	多学科	国际影响	特色鲜明	
132	江苏信息职业技术学院	高职		特色类	国内一流	特色鲜明	
133	宿迁职业技术学院				一流		
134	南京信息职业技术学院	高职			国际竞争力		
135	江海职业技术学院		地方		民办名校		
136	常州机电职业技术学院				优质	特色鲜明	

续表

序号	高校名称	类型定位	区域性	学科/行业性	办学水平	办学特色	升本诉求
137	江阴职业技术学院	高职院校	地方		国内知名	鲜明个性	
138	无锡城市职业技术学院	应用型本科					升本
139	无锡工艺职业技术学院	高职		行业知名	国内影响	特色鲜明	
140	金山职业技术学院				民办示范校		
141	苏州健雄职业技术学院	高职	地方		质量高声誉好		
142	盐城工业职业技术学院	高职			省示范校前列	特色鲜明	
143	江苏财经职业技术学院	高职	地方	特色类	国内领先	特色	
144	扬州工业职业技术学院	高职		特色类	高水平	特色鲜明	
145	苏州百年职业学院	高职			国内一流	中外合作办学	
146	昆山登云科技职业学院	高职	地方		省级示范高职院	特色鲜明	
147	南京视觉艺术职业学院	高职	地方		省级示范高职院		
148	江苏城市职业学院	高职	地方		高水平		
149	南京城市职业学院	高职	地方		国内一流	鲜明特色	
150	南京机电职业技术学院	高职	地方	特色类			
151	苏州高博软件技术职业学院	高职	地方				
152	南京旅游职业学院	高职	地方	特色类	省级示范高职院	行业特色鲜明	

附表 4
根据高校发展定位的高校类型编码结果

续表

序号	高校名称	类型定位	区域性	学科/行业性	办学水平	办学特色	升本诉求
153	江苏卫生健康职业学院	高职	地方	特色类	省级示范高职院	中医药特色	
154	苏州信息职业技术学院	高职	地方			专业特色鲜明	
155	宿迁泽达职业技术学院	高职					
156	苏州工业园区服务外包职业学院	高职		特色类	服务外包第一校	鲜明办学特色	
157	徐州幼儿师范高等专科学校	幼专	国内	特色类	高水平	有特色	
158	徐州生物工程职业技术学院	高职	地方		省级示范高职院	鲜明特色	
159	江苏商贸职业学院	高职			高水平	有特色	
160	南通师范高等专科学校	师专		特色类	高水平		
161	扬州中瑞酒店职业学院	高职					
162	江苏护理职业学院	高职		特色类	国际影响	特色鲜明	
163	江苏财会职业学院	高职	区域	特色类	高水平	有特色	
164	江苏城乡建设职业学院	高职		特色类	质量优良	行业特色型	
165	江苏航空职业技术学院	高职					
166	江苏安全技术职业学院	高职			职业教育名校		
167	江苏旅游职业学院	高职		特色类	国际知名		

附表5 江苏省高等学校试分类结果

	综合类（Ⅰ）39所	多科类（Ⅱ）102所	特色类（Ⅲ）26所
研究型 （A）9所	AⅠ型(4所) 南京大学 东南大学 昆山杜克大学 西交利物浦大学	AⅡ型(5所) 南京农业大学 南京师范大学 南京理工大学 河海大学 南京航空航天大学	AⅢ型
应用型 （B）68所	BⅠ型(32所) 苏州大学 扬州大学 江南大学 江苏大学 江苏师范大学 盐城师范学院 南京林业大学 南通大学 苏州科技大学 常熟理工学院 南京晓庄学院 宿迁学院 中国矿业大学 南京邮电大学 南京信息工程大学 淮阴师范学院 南京特殊教育师范学院 江苏师范大学科文学院 江苏第二师范学院	BⅡ型(33所) 江苏科技大学 盐城工学院 南京医科大学 中国药科大学 南京财经大学 南京工程学院 无锡太湖学院 金陵科技学院 中国矿业大学徐海学院 南京大学金陵学院 南京师范大学泰州学院 扬州大学广陵学院 常州大学 南京中医药大学 南京审计大学 淮海工学院 东南大学成贤学院 南京理工大学紫金学院 中国传媒大学南广学院	BⅢ型(3所) 江苏警官学院 南京艺术学院 南京体育学院

附表 5
江苏省高等学校试分类结果

续表

	综合类（Ⅰ）39 所	多科类（Ⅱ）102 所	特色类（Ⅲ）26 所
应用型 (B)68 所	南京工业大学 淮阴工学院 常州工学院 三江学院 江苏理工学院 徐州工程学院 泰州学院 南京航空航天大学金城学院 南京师范大学中北学院 苏州大学文正学院 江苏大学京江学院 常州大学怀德学院 南通大学杏林学院	南京理工大学泰州科技学院 南京工业大学浦江学院 南京医科大学康达学院 南京中医药大学翰林学院 南京信息工程大学滨江学院 苏州科技大学天平学院 南京邮电大学通达学院 南京审计大学金审学院 南通理工学院 南京森林警察学院 苏州大学应用技术学院 南京财经大学红山学院 江苏科技大学苏州理工学院 徐州医科大学	
职业技能型(C) 90 所	CⅠ型(3 所) 镇江市高等专科学校 扬州市职业大学 江苏联合职业技术学院	CⅡ型(64 所) 连云港职业技术学院 苏州职业大学 苏州经贸职业技术学院 盐城幼儿师范高等专科学校 明达职业技术学院 无锡职业技术学院 南京工业职业技术学院 南通职业大学 常州信息职业技术学院 应天职业技术学院 无锡商业职业技术学院 南京交通职业技术学院 苏州农业职业技术学院 南京科技职业学院 钟山职业技术学院 无锡南洋职业技术学院	CⅢ型(23 所) 苏州幼儿师范高等专科学校 沙洲职业工学院 硅湖职业技术学院 泰州职业技术学院 南通科技职业学院 苏州卫生职业技术学院 常州纺织服装职业技术学院 常州工程职业技术学院 徐州工业职业技术学院 南京旅游职业学院 江苏财会职业学院

续表

	综合类（Ⅰ）39所	多科类（Ⅱ）102所	特色类（Ⅲ）26所
职业技能型(C) 90所		金肯职业技术学院 常州轻工职业技术学院 建东职业技术学院 无锡城市职业技术学院 江苏财经职业技术学院 连云港师范高等专科学校 江苏海事职业技术学院 苏州工业职业技术学院 淮安信息职业技术学院 江苏农牧科技职业学院 苏州工业园区职业技术学院 炎黄职业技术学院 正德职业技术学院 江苏食品药品职业技术学院 南京铁道职业技术学院 江苏信息职业技术学院 宿迁职业技术学院 南京信息职业技术学院 常州机电职业技术学院 江阴职业技术学院 无锡工艺职业技术学院 金山职业技术学院 苏州健雄职业技术学院 盐城工业职业技术学院 苏州百年职业学院 昆山登云科技职业学院 南京城市职业学院 苏州高博软件技术职业学院 苏州信息职业技术学院 苏州工业园区服务外包职业学院	江苏建筑职业技术学院 苏州工艺美术职业技术学院 江苏医药职业学院 江南影视艺术职业学院 南京视觉艺术职业学院 江苏卫生健康职业学院 徐州幼儿师范高等专科学校 南通师范高等专科学校 扬州中瑞酒店职业学院 江苏护理职业学院 江苏航空职业技术学院 江苏安全技术职业学院

续表

	综合类（Ⅰ）39所	多科类（Ⅱ）102所	特色类（Ⅲ）26所
职业技能型（C）90所		徐州生物工程职业技术学院 江苏商贸职业学院 江苏城乡建设职业学院 江苏工程职业技术学院 江苏经贸职业技术学院 九州职业技术学院 无锡科技职业学院 扬州环境资源职业技术学院 苏州托普信息职业技术学院 南通航运职业技术学院 太湖创意职业技术学院 江苏农林职业技术学院 江海职业技术学院 扬州工业职业技术学院 江苏城市职业学院 南京机电职业技术学院 宿迁泽达职业技术学院 江苏旅游职业学院	

后　记

　　本书是我在厦门大学教育研究院从事博士后研究工作的最终成果。博士后工作期间，有幸参与了合作导师史秋衡教授主持的 2014 年度教育部哲学社会科学研究重大课题攻关项目"高等学校分类体系及其设置标准研究"，主要负责省域高等学校分类体系的研究，在此基础上申请了中国博士后科学研究基金面上项目"省域高等学校分类体系研究——以江苏省为例"并获得立项资助。

　　最初关注和研究高等学校分类问题，始于 2010 年参与南京大学教育研究院承担的委托研究课题"江苏高等学校分类研究"。该课题是江苏省高等教育综合改革的试点项目"建立健全科学的高等学校分类评价体系"的第一个阶段。此后，我又参与了后续的委托研究课题"江苏省研究型大学评价指标体系研究"和"江苏省高等学校分类评估体系研究"。其间，我有幸得到了南京大学教育研究院龚放、张红霞、王远来和操太圣教授的指导，积累了有关高等学校分类的理论知识和研究方法，形成了有关江苏省高等学校的基本发展状况的较为系统的认识。

　　本书的完成，首先要感谢我的合作导师——厦门大学教育研究院史秋衡教授。虽然此前积累了一定的相关课题研究的经验，但是在独立面对高等学校分类体系这一复杂研究问题的时候，还是难免迷茫和犹豫。幸得史老师的悉心指导和鼓励，方能顺利完成博士后研究工作。

　　厦门大学教育研究院武毅英、王洪才、郑若玲、覃红霞和郭建鹏教授在我博士后研究工作各个阶段提出建设性意见，在此表示感谢！

　　感谢贵州师范大学教育科学学院谢妮教授、上海政法学院经济管理学院冯涛教授、天津大学教育学院杨院副教授、厦门大学教育研究院文静副教授、华南理工大学高等教育研究所王芳博士，厦门大学教育研究院的博士生阚明坤、瞿凡、叶志清、康敏、王春、刘亮军、张纯坤、武春岭、陈勤和沈威，访学博士生朱家武,以及硕士生柯安琪、陈璐蓉和季玟希。在厦门大学校园中以及学术沙龙上与他们展开的交流讨论,对于本书的完成裨益甚多!

感谢南京大学商学院陈传明教授,南京大学教育研究院龚放、冒荣、王运来、张红霞、汪霞、余秀兰和操太圣教授自我留校工作以来所给予的关心、帮助和支持!

感谢我的同事吕林海教授,宗晓华、汪雅霜和王世岳副教授对本书所提出的宝贵建议!感谢南京大学教育研究院硕士生李慧慧、纪梦超、操琳琳和汪文绣在数据资料的收集和整理方面所提供的支持!

在本书的出版过程中,厦门大学出版社的编辑付出了辛勤的劳动,在此向他们表示衷心的感谢!

最后,感谢我的妻子和家人一直以来对我的支持和关心!感谢我可爱的儿子,带给我们的快乐!

孙俊华
于逸夫管理科学楼
2019 年 10 月 10 日